coleção
RESUMOS

RESUMO DE DIREITO PENAL
(PARTE GERAL)

COLEÇÃO RESUMOS DA MALHEIROS EDITORES
(Volumes 1 a 12, Autores:
MAXIMILIANUS CLÁUDIO AMÉRICO FÜHRER
e MAXIMILIANO ROBERTO ERNESTO FÜHRER)

Resumo 1 – Direito Comercial (Empresarial), 46ª ed., 2017.
Resumo 2 – Obrigações e Contratos (Civis, Empresariais, Consumidor), 31ª ed., 2015.
Resumo 3 – Direito Civil, 43ª ed., 2017.
Resumo 4 – Processo Civil, 43ª ed., 2018.
Resumo 5 – Direito Penal (Parte Geral), 36ª ed., 2018.
Resumo 6 – Processo Penal, 30ª ed., 2017.
Resumo 7 – Direito Administrativo, 29ª ed., 2016.
Resumo 8 – Direito Tributário, 26ª ed., 2017.
Resumo 9 – Direito do Trabalho, 27ª ed., 2018.
Resumo 10 – Direito Constitucional, 21ª ed., 2018.
Resumo 11 – Direito Penal (Parte Especial), 12ª ed., 2017.
Resumo 12 – Dicionário Jurídico, 3ª ed., 2010.
Resumo 13 – Direito do Consumidor, 2015 (Autores: MAXIMILIANO ROBERTO ERNESTO FÜHRER e MARÍLIA STEPHANE CAMPOS FÜHRER).

Outras Obras de
MAXIMILIANUS CLÁUDIO AMÉRICO FÜHRER

Crimes Falimentares, Ed. RT, 1972.
Manual de Direito Público e Privado, em coautoria com Édis Milaré, 17ª ed., Ed. RT, 2009.
Roteiro das Recuperações e Falências, 21ª ed., Ed. RT, 2008.
Tradução de aforismos de vários pensadores: *Revista dos Tribunais* (período 1975/1976).
Artigos: "O homicídio passional", *RT* 392/32; "O elemento subjetivo nas infrações penais de mera conduta", *RT* 452/292; "Como aplicar as leis uniformes de Genebra", *RT* 524/292; "O elemento subjetivo no Anteprojeto do Código das Contravenções Penais – Confronto com a legislação em vigor", *RT* 451/501; "Quadro Geral das Penas", *RT* 611/309.

Outras obras, pela Malheiros Editores,
de MAXIMILIANO ROBERTO ERNESTO FÜHRER

Código Penal Comentado, 3ª ed., 2010 (com MAXIMILIANUS CLÁUDIO AMÉRICO FÜHRER).
Curso de Direito Penal Tributário Brasileiro, 2010.
História do Direito Penal, 2005.
A Nova Prisão e as Novas Medidas Cautelares no Processo Penal, 2011.
Novos Crimes Sexuais, 2009.
A Reforma do Código de Processo Penal, 2008.
Tratado da Inimputabilidade no Direito Penal, 2000.

MAXIMILIANUS CLÁUDIO AMÉRICO FÜHRER
MAXIMILIANO ROBERTO ERNESTO FÜHRER

RESUMO DE DIREITO PENAL

(PARTE GERAL)

36ª edição,
revista e atualizada

RESUMO DE DIREITO PENAL (Parte Geral)
© Maximilianus Cláudio Américo Führer
Maximiliano Roberto Ernesto Führer

1ª e 2ª eds., 1990; 3ª ed., 1991; 4ª ed., 1992; 5ª ed., 1ª e 2ª tirs., 1993; 6ª ed., 1994; 7ª ed., 1995; 8ª e 9ª eds., 1996; 10ª e 11ª eds., 1997; 12ª, 13ª e 14ª eds., 1998; 15ª ed., 1999; 16ª e 17ª eds., 2000; 18ª e 19ª eds., 2001; 20ª e 21ª eds., 2002; 22ª e 23ª eds., 2003; 24ª ed., 2004; 25ª ed., 2005; 26ª ed., 2006; 27ª ed., 2007; 28ª ed., 2008; 29ª ed., 2009; 30ª ed., 2010; 31ª ed., 2011; 32ª ed., 2013; 33ª ed., 2014; 34ª ed., 2016; 35ª ed., 2017.

Direitos reservados desta edição por
MALHEIROS EDITORES LTDA.
Rua Paes de Araújo, 29, conjunto 171
CEP 04531-940 – São Paulo – SP
Tel.: (11) 3078-7205 – Fax: (11) 3168-5495
URL: www.malheiroseditores.com.br
e-mail: malheiroseditores@terra.com.br

Composição: PC Editorial Ltda.
Capa
Criação: Cilo
Arte: PC Editorial Ltda.

Impresso no Brasil
Printed in Brazil
08.2018

Dados Internacionais de Catalogação na Publicação (CIP)

F959r	Führer, Maximilianus Cláudio Américo.
	Resumo de direito penal : (parte geral) / Maximilianus Cláudio Américo Führer, Maximiliano Roberto Ernesto Führer. – 36. ed., rev. e atual. – São Paulo : Malheiros, 2018.
	184 p. ; 21 cm. – (Coleção Resumos ; 5)
	Inclui bibliografia e índice.
	ISBN 978-85-392-0425-0
	1. Direito penal - Brasil - Sínteses, compêndios, etc. I. Führer, Maximiliano Roberto Ernesto. II. Título. II. Série.
	CDU 343.2(81)
	CDD 345.81

Índice para catálogo sistemático:
1. Direito penal: Brasil 343.2(81)

(Bibliotecária responsável: Sabrina Leal Araujo – CRB 10/1507)

ABREVIATURAS

ADCT	– Atos das Disposições Constitucionais Transitórias
CF	– Constituição Federal
CP	– Código Penal
CPM	– Código Penal Militar
CPP	– Código de Processo Penal
D	– Decreto
DL	– Decreto-lei
JB	– *Jurisprudência Brasileira*
JC	– *Jurisprudência Catarinense*
JD	– *Jurisprudência e Doutrina*
JM	– *Jurisprudência Mineira*
JTACrimSP	– *Julgados do Tribunal de Alçada Criminal de São Paulo*
JSTJ	– *Jurisprudência do Superior Tribunal de Justiça e Tribunais Regionais Federais*
JTJ	– *Jurisprudência do Tribunal de Justiça* (SP)
L	– Lei
LCP	– Lei das Contravenções Penais
LEP	– Lei de Execução Penal
MP	– Medida Provisória
PJ	– *Paraná Judiciário*
RF	– *Revista Forense*
RJDTACrimSP	– *Revista de Julgados e Doutrina do Tribunal de Alçada Criminal do Estado de São Paulo*
RJTJERGS	– *Revista de Jurisprudência do Tribunal de Justiça do Estado do Rio Grande do Sul*
RJTJERJ	– *Revista de Jurisprudência do Tribunal de Justiça do Estado do Rio de Janeiro*
RJTJESP	– *Revista de Jurisprudência do Tribunal de Justiça do Estado de São Paulo*
RSTJ	– *Revista do Superior Tribunal de Justiça*
RT	– *Revista dos Tribunais*
RTJ	– *Revista Trimestral de Jurisprudência*
RTJEP	– *Revista do Tribunal de Justiça do Estado do Pará*
STF	– Supremo Tribunal Federal
STJ	– Superior Tribunal de Justiça

PROTEJA OS ANIMAIS.
ELES NÃO FALAM MAS SENTEM
E SOFREM COMO VOCÊ.

(De uma mensagem
da União Internacional Protetora dos Animais)

CONTATO

As mensagens podem ser enviadas para *malheiroseditores@terra.com.br* ou pelo fax: (11) 3168-5495.

SUMÁRIO

CAPÍTULO I – INTRODUÇÃO. APLICAÇÃO DA LEI PENAL

A) INTRODUÇÃO
1. Conceito de Direito Penal 13
2. Leis penais brasileiras 13
3. Crimes ou delitos. Contravenções 14
4. Sujeito ativo. Sujeito passivo 14
5. Objeto jurídico e objeto material 14
6. Normas penais em branco 15
7. Interpretação da lei penal 15
8. Princípio da legalidade e princípio da anterioridade 17
9. Princípios penais constitucionais 19

B) APLICAÇÃO DA LEI PENAL
1. Vigência e revogação da lei penal 20
2. Irretroatividade da lei penal 20
3. Ultratividade da lei temporária e excepcional 21
4. A lei penal no tempo 21
   4.1 Tempo do crime 22
5. A lei penal no espaço 22
   5.1 Lugar do crime 23
6. Imunidade diplomática 23
7. Imunidade parlamentar 24
8. Contagem de prazos 25
9. Legislação especial 25

CAPÍTULO II – O FATO TÍPICO

A) O FATO TÍPICO
1. Conceito de crime 28
2. O fato típico 29
3. O tipo 29
4. Elementos do tipo 30
5. O dolo e a culpa como integrantes do tipo 31
6. Espécies de tipos 31

8 RESUMO DE DIREITO PENAL

B) A CONDUTA
1. Conceito de conduta 34
2. Formas de conduta. Ação e omissão 34
3. Crimes omissivos próprios 35
4. Crimes comissivos por omissão 35
   4.1 Crimes omissivos por comissão 36
5. A causalidade da omissão 36
6. Omissão no caso de tortura 37

C) O DOLO E A CULPA
1. O dolo 37
2. Espécies de dolo 38
3. A culpa 40
4. Espécies de culpa 41
5. O preterdolo (crime qualificado pelo resultado) 43

D) AS TEORIAS DA AÇÃO E A COLOCAÇÃO DO DOLO E DA CULPA
1. Teoria tradicional ou causalista da ação 44
2. Teoria finalista da ação 45
3. Teoria social da ação 46
4. Posição da doutrina brasileira 47
5. Posição do Código Penal brasileiro (Reforma de 1984) 48

E) O RESULTADO
1. O resultado 49
2. Crimes materiais ou de resultado 50
3. Crimes formais 50
4. Crimes de mera conduta 50
5. O resultado como lesão do objeto jurídico 51

F) RELAÇÃO DE CAUSALIDADE
1. Relação de causalidade 52
2. Superveniência de causa relativamente independente 52

G) TIPICIDADE 53

H) CONSUMAÇÃO E TENTATIVA
1. Consumação 53
2. Crimes instantâneos e permanentes 54
3. "Iter criminis" (etapas ou fases do crime) 54
4. Tentativa 55

I) OUTRAS QUESTÕES REFERENTES AO FATO TÍPICO
1. Desistência voluntária 56
2. Arrependimento eficaz 56
3. Arrependimento posterior 56
4. Crime impossível 56
5. Erro de tipo 57
6. Erro acidental ou secundário (erro sobre o objeto, erro sobre a pessoa) 57

SUMÁRIO

7. Erro na execução ("aberratio ictus") 58
8. Resultado diverso do pretendido ("aberratio delicti") 58
9. Erro sobre o nexo causal 58
10. Conflito aparente de normas 59

J) CLASSIFICAÇÃO DE CRIMES

1. Crimes próprios 61
2. Crimes de mão própria 61
3. Crimes habituais 61
4. Crimes de ação múltipla ou de conteúdo variado 61
5. Crime falho 61
6. Crimes plurissubjetivos 61
7. Crime progressivo 62
8. Progressão criminosa 62
9. Crime exaurido 62
10. Crime complexo 62
11. Crimes vagos 63
12. Crimes unissubsistentes 63
13. Crimes plurissubsistentes 63
14. Crimes dolosos, culposos e preterintencionais 63
15. Crimes materiais, formais e de mera conduta 63
16. Crimes comissivos, omissivos puros e comissivos por omissão 63
17. Crimes instantâneos, permanentes e instantâneos de efeitos permanentes 63
18. Crimes de dano e crimes de perigo 63
19. Crime impossível 63
20. Crime de flagrante provocado 63
21. Crime de flagrante esperado 64
22. Crimes simples, qualificados e privilegiados 64
23. Crime funcional 64
24. Crimes de responsabilidade 65
25. Crimes hediondos 65
26. Crimes de bagatela 66
27. Crimes à distância 67
28. Crimes de empreendimento 68
29. Crime de plástico, crime vazio e crime natural 68

CAPÍTULO III – A ANTIJURIDICIDADE

1. Conceito de antijuridicidade 69
2. A consciência da ilicitude ou da antijuridicidade 70
3. Justificativas ou causas de exclusão da antijuridicidade 70
4. Estado de necessidade 71
5. Legítima defesa 73
6. Estrito cumprimento de dever legal 74
7. Exercício regular de direito 75
8. Consentimento do ofendido 75
9. Excludentes de tipicidade 75

RESUMO DE DIREITO PENAL

CAPÍTULO IV – A CULPABILIDADE

1. Conceito de culpabilidade 77
2. O dolo e a culpa como integrantes da culpabilidade 78
3. Imputabilidade 80
4. Consciência potencial da ilicitude 80
5. Onde fica a consciência da ilicitude? 80
6. Localização da consciência da ilicitude. Teoria extremada do dolo. Teoria limitada do dolo. Teoria extremada da culpabilidade. Teoria limitada da culpabilidade 81
7. Exigibilidade de conduta diversa 82
8. Dirimentes ou causas de exclusão da culpabilidade 83
9. Escusas absolutórias 84
10. Condições objetivas de punibilidade 85
11. Condições de procedibilidade 85
12. Menores de 18 anos 86
13. Doença mental 86
14. A emoção e a paixão 86
15. A embriaguez 87
16. "Actio libera in causa" 88
17. Erro de proibição 88
18. Diferença entre erro de tipo e erro de proibição 89
19. Erro sobre excludente putativa, ou erro de proibição indireto 90
20. Coação irresistível 91
21. Obediência hierárquica 91

CAPÍTULO V – CONCURSO DE PESSOAS

1. O concurso de pessoas 93
2. Diferença entre coautoria e participação 94
3. Requisitos do concurso de pessoas 95
4. Vínculo subjetivo entre os agentes 95
5. Comunicação de circunstâncias 96
6. Comunicação de circunstâncias e infanticídio 97
7. Concurso de pessoas em crime culposo 97
8. Culpas concorrentes 97
9. Concurso de pessoas e crime por omissão 98
10. Autoria mediata 98
11. Autoria colateral 98
12. Autoria incerta 99
13. Delação ou colaboração premiada 100

CAPÍTULO VI – DAS PENAS

1. Fins da pena 103
2. Espécies de penas 104
3. Penas privativas de liberdade 104
4. Estabelecimentos penais 104

SUMÁRIO 11

5. Prisão domiciliar 104
6. Progressão e regressão 105
7. Conversão 105
8. Trabalho do preso 106
9. Remição 106
10. Detração 107
11. Penas restritivas de direitos 109
12. Pena de multa 110
13. Cálculo da multa 111
14. Fixação da pena 112
15. Substituição da pena 115
16. Regimes de cumprimento da pena 116
    16.1 Reincidência 116
    16.2 Reclusão, sem reincidência 117
    16.3 Detenção por crime doloso, sem reincidência 118
    16.4 Detenção por crime culposo, sem reincidência 118
    16.5 Regime disciplinar diferenciado 118
Quadro Geral das Penas 119
17. Concurso de crimes 120
    17.1 Concurso material 120
    17.2 Concurso formal 121
    17.3 Crime continuado 121
18. Suspensão condicional da pena ("sursis") 123
19. Suspensão condicional do processo 124
20. Livramento condicional 125

CAPÍTULO VII – MEDIDAS DE SEGURANÇA 127

CAPÍTULO VIII – EFEITOS DA CONDENAÇÃO. REABILITAÇÃO. AÇÃO PENAL

1. Efeitos da condenação 131
2. Reabilitação 132
3. Ação penal 133
4. Decadência do direito de queixa ou de representação 135
5. Renúncia tácita ao direito de queixa ou representação ... 135
6. Ação penal em crime complexo 135

CAPÍTULO IX – EXTINÇÃO DA PUNIBILIDADE

1. Extinção da punibilidade 137
2. Morte do agente 137
3. Anistia, graça, indulto 137
4. "Abolitio criminis" 138
5. Perdão judicial 139
6. Decadência 140
7. Perempção 140

RESUMO DE DIREITO PENAL

8. Renúncia do direito de queixa 141
9. Perdão do querelante 141
10. Retratação do agente 141
11. Pagamento de débito tributário 142

CAPÍTULO X – PRESCRIÇÃO

1. Prescrição 143
2. Interrupção da prescrição 144
3. Suspensão da prescrição 145
4. Espécies de prescrição penal 146
5. Prescrição da pretensão punitiva propriamente dita 147
6. Prescrição superveniente 148
7. Prescrição retroativa 148
    7.1 Prescrição retroativa. Reconhecimento antecipado proibido 149
8. Prescrição da pretensão executória 150
9. Medida de segurança e prescrição 151
10. Prescrição da pena de multa 152
11. Concurso material de delitos e prescrição 153
12. Concurso formal de delitos e prescrição 153
13. Crime continuado e prescrição 153
14. Crime permanente e prescrição 154
15. Reincidência e prescrição 154
16. Anulação de sentença anterior e prescrição 154
17. Pedido do réu para o afastamento da prescrição e consequente julgamento
    pelo mérito 155
18. Detração e prescrição 155
19. Crime falimentar e prescrição
    19.1 Regime do Decreto-lei 7.661/45 155
    19.2 Regime novo, da Lei 11.101/2005 159
    19.3 Direito intertemporal 159

ESTUDOS ESPECIAIS

1. O FUNCIONALISMO DO DIREITO PENAL 161
2. TEORIA DA IMPUTAÇÃO OBJETIVA
    2.1 Considerações gerais 162
    2.2 Critérios da imputação objetiva 163
    2.3 Critérios de atribuição 163
    2.4 Critérios de exclusão 164
    2.5 Alguns casos citados pelos autores 165
3. GARANTISMO PENAL 167
4. DIREITO PENAL DO INIMIGO 169
5. A TEORIA DO BEM JURÍDICO, DE CLAUS ROXIN 170
6. TEORIA DA ESTABILIZAÇÃO DO SISTEMA, DE GÜNTHER JAKOBS 172

BIBLIOGRAFIA 175

ÍNDICE ALFABÉTICO-REMISSIVO 179

Capítulo I

INTRODUÇÃO. APLICAÇÃO DA LEI PENAL

A) INTRODUÇÃO: 1. Conceito de Direito Penal – 2. Leis penais brasileiras – 3. Crimes ou delitos. Contravenções – 4. Sujeito ativo. Sujeito passivo – 5. Objeto jurídico e objeto material – 6. Normas penais em branco – 7. Interpretação da lei penal – 8. Princípio da legalidade e princípio da anterioridade – 9. Princípios penais constitucionais. B) APLICAÇÃO DA LEI PENAL: 1. Vigência e revogação da lei penal – 2. Irretroatividade da lei penal – 3. Ultratividade da lei temporária e excepcional – 4. A lei penal no tempo: 4.1 Tempo do crime – 5. A lei penal no espaço: 5.1 Lugar do crime – 6. Imunidade diplomática – 7. Imunidade parlamentar – 8. Contagem de prazos – 9. Legislação especial.

A) INTRODUÇÃO

1. Conceito de Direito Penal

Direito Penal é o ramo de Direito Público que define as infrações penais, estabelecendo as penas e as medidas de segurança.

Direito Penal objetivo é o conjunto das normas penais. Direito Penal subjetivo é o direito de punir do Estado. Diz-se também Direito Criminal.

2. Leis penais brasileiras

Vigoraram no Brasil as Ordenações Afonsinas (1446), Manuelinas (1521) e Filipinas (1602). Seguiu-se o Código Criminal do Império em 1830, o Código Penal Republicano de 1890 e a Consolidação das Leis Penais, de 1932, que se baseou em uma compilação do desembargador Vicente Piragibe.

O estatuto em vigor é o Código Penal de 1940 (DL 2.848, de 7.12.40), que sofreu alterações importantes em 1977 (L 6.416, de 24.5.77), bem como uma reformulação da sua Parte Geral em 1984 (L 7.209, de 11.7.84).

Em 1969 elaborou-se um novo Código Penal (DL 1.004, de 21.10.69), que, porém, não chegou a entrar em vigor, vez que, após vários adiamen-

14 RESUMO DE DIREITO PENAL

tos, por quase 10 anos, foi finalmente revogado em 1978 (L 6.578, de 11.10.78).

3. Crimes ou delitos. Contravenções

As infrações penais dividem-se em crimes ou delitos e contravenções. Não há diferença entre crimes e delitos, que são sinônimos no Direito brasileiro. As contravenções constituem um elenco de infrações penais de menor porte, a critério do legislador; encontram-se principalmente na Lei das Contravenções Penais.

4. Sujeito ativo. Sujeito passivo

Sujeito ativo ou agente é quem pratica o fato. Sujeito passivo é a pessoa ou entidade que sofre os efeitos do delito.

Em princípio, autor de crime só pode ser pessoa física, maior de 18 anos.

Por exceção, porém, pessoas jurídicas também podem responder penalmente, o que, no momento, só ocorre quando se tratar de *infrações contra o meio ambiente*, cometidas por decisão dos dirigentes, no interesse ou benefício das mesmas (L 9.605/1998; art. 225, § 3º, da CF) (*RT* 895/612).

As sanções penais aplicáveis às pessoas jurídicas são a multa, a restrição de direitos e a prestação de serviços à comunidade.[1]

Deixou de ser absoluta, portanto, no direito brasileiro, a antiga ideia de que a sociedade não podia delinquir (*societas delinquere non potest*).

O dolo e a culpa da pessoa jurídica será o dolo ou a culpa de seus dirigentes (elemento subjetivo transferido ou deslocado).

5. Objeto jurídico e objeto material

Objeto jurídico é o bem ou o interesse protegido pela norma penal. No homicídio, por exemplo, o objeto jurídico é a vida. No furto, o patrimônio.

Objeto material é a coisa sobre a qual recai a ação do agente, podendo tratar-se tanto de um bem material como de uma pessoa no sentido corporal.

---

1. Não cabe responsabilização apenas da pessoa jurídica. Necessária também a responsabilização simultânea da pessoa física (TJMT, *RT* 920/10.261).

Problemática a imposição de pena no caso de pessoa jurídica de direito público. A multa, por exemplo, seria recolhida do Estado para o próprio Estado. Como restringir direitos de um ente soberano?

INTRODUÇÃO. APLICAÇÃO DA LEI PENAL 15

6. Normas penais em branco

Normas penais em branco são normas que exigem uma complementação, a ser dada por outras normas, de nível igual ou diverso.

A norma penal em branco *em sentido estrito* é complementada por outra norma de nível diverso, como na transgressão de tabela oficial de preços, em que a lei penal é suprida por uma portaria ou regulamento de preços.

A norma penal em branco *em sentido amplo* é complementada por outra norma de nível idêntico, como na violação de direitos autorais, em que a lei penal é suprida pela lei civil de direito autoral.

$$
\text{NORMA PENAL EM BRANCO}
\begin{cases}
\textit{em sentido estrito} & \begin{cases} \text{complementação por outra} \\ \text{norma, de nível diverso} \end{cases} \\
\\
\textit{em sentido amplo} & \begin{cases} \text{complementação por outra} \\ \text{norma, de nível idêntico} \end{cases}
\end{cases}
$$

7. Interpretação da lei penal

Quanto ao sujeito, ou seja, quanto à origem de que provém, a interpretação pode ser autêntica, doutrinária ou jurisprudencial.

A *interpretação autêntica* é dada pela própria lei, a qual no seu texto, num dos seus dispositivos, explica como deve ser entendido determinado assunto (interpretação autêntica contextual).

Assim, por exemplo, o art. 150 do Código Penal diz o que se deve entender pela palavra "casa" (art. 150, § 4º), ou o que não se deve entender pela palavra "casa" (art. 150, § 5º).[2]

A interpretação autêntica pode também ser dada por uma outra lei, de edição posterior (interpretação autêntica não contextual), embora essa forma não seja usual.

A interpretação autêntica é a única obrigatória, vez que dada por lei.

---

2. Art. 150, § 4º, do CP: "A expressão 'casa' compreende: I – qualquer compartimento habitado; II – aposento ocupado de habitação coletiva; III – compartimento não aberto ao público, onde alguém exerce profissão ou atividade".
Art. 150, § 5º: "Não se compreendem na expressão 'casa': I – hospedaria, estalagem ou qualquer outra habitação coletiva, enquanto aberta, salvo a restrição do n. II do parágrafo anterior; II – taverna, casa de jogo e outras do mesmo gênero".

16 RESUMO DE DIREITO PENAL

Outra forma de interpretação, quanto ao sujeito, é a *interpretação doutrinária*, que é dada pelos estudiosos, professores e profissionais do Direito, através da publicação de artigos, conferências, teses e livros. A *interpretação jurisprudencial* é dada pelos tribunais, através da reiteração de seus julgamentos.

Quanto ao modo, a interpretação pode ser *gramatical*, fundada nas regras gramaticais; *teleológica*, que visa a descobrir a finalidade com que a lei foi editada; *lógica*, que procura reconstruir o pensamento do legislador; *histórica*, que avalia a conjuntura em que a lei foi editada e as circunstâncias que provocaram a sua criação; *sistemática*, que procura a harmonização da norma com o sistema jurídico como um todo; *progressiva*, em que se procura compreender a norma levando em conta as transformações havidas não só no direito mas também na sociedade e na ciência; *de direito comparado*, em que se tenta esclarecer melhor o sentido da lei através da comparação com a legislação estrangeira.

A *interpretação sociológica*, como ensina Franco Montoro, "baseia-se na adaptação do sentido da lei às realidades e necessidades sociais". Essa adaptação está prevista no art. 5º da Lei de Introdução às normas do Direito Brasileiro, que prescreve: "Na aplicação da lei, o juiz atenderá aos fins sociais a que ela se dirige e às exigências do bem comum" (*Introdução à Ciência do Direito*, vol. II/126).

Quanto aos resultados, a interpretação pode ser *declarativa*, quando se conclui que a letra da lei corresponde exatamente ao pensamento do legislador; *extensiva*, quando se conclui que a lei diz menos do que queria dizer o legislador; e *restritiva*, quando se conclui que a lei diz mais do que queria dizer o legislador, ou quando se procura conter a interpretação estritamente nos limites da norma.

As leis penais devem ser interpretadas de forma declarativa estrita, ou até com preocupação restritiva. Não devem nunca ser interpretadas de forma ampliativa ou extensiva, a fim de não se ferir o princípio da legalidade dos delitos e das penas (*nullum crimen, nulla poena sine lege*).

Mas há duas espécies permitidas de interpretação extensiva.

A primeira é a interpretação analógica *intra legem*, ou seja, dentro da lei, em que o próprio texto legal indica a aplicação da analogia em relação a alguma circunstância. Exemplo é o art. 28, II, do Código Penal, que fala em "álcool ou substância de efeitos análogos", ou o art. 171 do Código Penal, que fala em "artifício, ardil, ou qualquer outro meio fraudulento".

Há diferença, portanto, entre analogia e interpretação analógica. A analogia é o intuito de abranger fatos semelhantes, não previstos na lei, o que é vedado em Direito Penal. A interpretação analógica, ao contrário, decorre da própria vontade e indicação da lei penal.

A segunda espécie de interpretação extensiva permitida é a interpretação analógica extensiva *in bonam partem*, ou seja, a favor do réu. Assim, por exemplo, tem-se admitido a necessidade de representação na contravenção de vias de fato, por analogia com o crime de lesões corporais leves.

A maioria dos autores concorda em que, persistindo dúvida irredutível, depois de aplicados todos os meios de interpretação, deve a questão ser resolvida em favor do réu (*in dubio pro reo*).

INTERPRETAÇÃO DA LEI PENAL

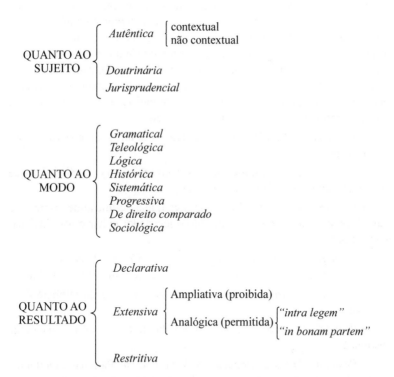

8. Princípio da legalidade e princípio da anterioridade

O grande princípio do Direito Penal é o *Princípio da Legalidade*, pelo qual não há crime, nem pena, sem lei anterior que o defina e a estabeleça (art. 1º do CP) ou *nullum crimen, nulla poena sine lege*, conforme a fór-

18 RESUMO DE DIREITO PENAL

mula em latim cunhada por Anselm Feuerbach (1775-1833). Este princípio penal foi adotado também pela Constituição Federal (art. 5º, XXXIX). A lei deve definir exatamente e de modo bem delimitado a conduta proibida. É proibido o uso da analogia para a imposição de penas. Permitida, porém, é a analogia *in bonam partem*, ou seja, a analogia que possa beneficiar o réu.

Permite-se também a interpretação analógica *intra legem*, ou dentro da lei, quando o próprio texto legal manda aplicar a analogia em relação a alguma circunstância, como vimos no item anterior.

A doutrina diferencia a *legalidade formal* da *legalidade substancial*. Por *legalidade substancial* entende-se o sistema no qual o réu é punido de acordo com a reprovação da sociedade no momento da imposição da pena. Então, a lei aplicável retroativamente é a do tempo da punição. Foi o sistema adotado na URSS por 36 anos, após o CP de 1922, e na Alemanha, durante o regime nazista. Porém, a quase totalidade dos Estados democráticos modernos adotaram a *legalidade formal* (irretroatividade), onde a lei aplicável é a do tempo do crime. Mas, observe-se, que, embora adotando a legalidade formal, o Brasil mitigou a tese formalista, admitindo também a aplicação retroativa da lei mais benéfica ao réu.

Derivados do *Princípio da Legalidade*, a doutrina aponta vários outros princípios:

• *Princípio da Legalidade Estrita (ou da reserva legal)*. Significa que só a lei formal pode definir crime e pena.

• *Princípio da Taxatividade*. Significa que a definição de crime e de pena deve ser exata e precisa, devendo o legislador evitar o uso dos chamados tipos abertos.

• *Princípio da Proibição da Analogia em Matéria Penal Incriminadora*. É proibido o emprego da analogia para a incriminação de um fato.

• *Princípio da Taxatividade da Acusação*. A acusação também deve ser exata e precisa.

• *Princípio "in dúbio pro reo"*. A dúvida milita a favor do réu e induz absolvição.

• *Princípio da Insignificância ou da Lesividade.* Para parte da doutrina, não basta a forma de lei; é necessário também que o texto traga matéria penal relevante. Assim, estaria excluída da esfera penal a conduta que causa lesão insignificante, de bagatela, ou atinge apenas preceitos morais.

• *Princípio da Alteridade.* Do mesmo modo, seria penalmente irrelevante a conduta que não atingisse interesses de outrem, limitando-se à lesão ou perigo de lesão aos próprios interesses do agente.

INTRODUÇÃO. APLICAÇÃO DA LEI PENAL   19

• *Princípio da Adequação Social.* Corrente encabeçada pelo mestre alemão Hans-Heinrich Jescheck (*Teoria Social da Ação*) tem por atípica a conduta aceita e tida como socialmente adequada (ex., lesão corporal produzida em luta de boxe). Esta tese é observada com muita reserva no Brasil, pois permite a revogação da lei pelo costume, técnica inadmissível perante o nosso ordenamento jurídico (art. 2º da Lei de Introdução às Normas de Direito Brasileiro-LINDB).

• *Princípio da Presunção de Inocência.* Ninguém pode ser considerado culpado até o trânsito em julgado de sentença penal condenatória (art. 5º, LVII, da CF).

• *Princípio da Punição Única ou do "ne bis in idem".* Determina que ninguém pode ser punido duas vezes pelo mesmo fato. Desta maneira, se um determinado fato, *v.g.*, constituir circunstância elementar de um crime ou uma qualificadora, não poderá figurar novamente como agravante genérica.

• *Principio da Proporcionalidade.* Reza que a pena tem que ser proporcional ao fato (art. 59 do CP).

• *Princípio do Descarte do Direito Costumeiro.* Determina que não pode haver pena sem lei.

O segundo grande princípio do Direito Penal é o *Princípio da Anterioridade.* O texto legal impõe que a lei não pode incriminar ou majorar a pena referente a fatos ocorridos antes da sua vigência.

Daí decorre o *Principio da Irretroatividade,* pelo qual a norma penal não retroage, exceto para beneficiar o réu (art. 2º, do CP, e 5º, XL, da CF), como já dissemos. Note-se que a pena criminal não é somente aquela que acompanha o singular tipo penal específico, mas também a que resulta das várias disposições contidas na lei, como as diminuições (ex., tentativa) e as majorações (ex., causas de aumento).

9. Princípios penais constitucionais

No âmbito constitucional, a doutrina mais atual identifica também os seguintes princípios penais:

• *Princípio da Humanidade.* Refere-se à proibição de penas cruéis e desumanas. Cruel é toda pena que causa comprometimento moral, físico ou psíquico importante (ex., castração, choques elétricos). A crueldade pode ser em abstrato (na lei) ou em concreto (na execução).

• *Princípio da Responsabilidade Pessoal.* Diz respeito à vedação da responsabilidade objetiva em matéria penal. É necessário demonstrar dolo ou culpa. Também os reflexos da condenação não podem atingir outra pessoa, embora o sucessor possa ser chamado para reparar o dano, até os limites de seu quinhão.

• *Princípio da Intervenção Mínima*. Somente se admite a resposta penal do Estado na medida mínima necessária, estritamente no que for necessária para prevenção (geral e especial) e sempre proporcional à conduta.

• *Princípio da Fragmentariedade*. O Direito Penal não tutela todos os bens jurídicos, mas apenas os de maior importância (mais valorizados) e mesmo assim somente das agressões mais graves.

• *Princípio da Subsidiariedade*. O Direito Penal atua somente nas hipóteses em que todos os demais mecanismos de defesa social se mostram ineficientes, de maneira supletiva ou subsidiária.

B) APLICAÇÃO DA LEI PENAL

1. Vigência e revogação da lei penal

Assim como as demais leis, a lei penal também começa a vigorar na data nela indicada, ou, na omissão, em 45 dias após a publicação, dentro do País, e em 3 meses no Exterior (art. 1º e seu § 1º da LINDB). O espaço de tempo compreendido entre a publicação da lei e sua entrada em vigor denomina-se *vacatio legis* (vacância da lei). No prazo de vacância conta-se o dia da publicação e inclui-se o último dia do prazo, entrando a lei em vigor no dia subsequente à sua consumação integral (art. 8º, § 1º, da LC 95/98).

Não se destinando à vigência temporária, a lei terá vigor até que outra a modifique ou revogue (art. 2º da LINDB). Não há revogação pelo simples desuso da lei. A revogação total denomina-se ab-rogação (*abrogatio*). A revogação parcial denomina-se derrogação (*derogatio*).

A revogação é *expressa* quando a lei nova diz quais são os textos revogados. A revogação é *tácita* quando a lei nova é incompatível com a lei anterior, ou quando regula inteiramente a matéria de que tratava a lei anterior.

$$\text{REVOGAÇÃO}\begin{cases} expressa \\ tácita \\ total\ (ab\text{-}rogação) \\ parcial\ (derrogação) \end{cases}$$

2. Irretroatividade da lei penal

A lei penal não se aplica a fatos anteriores à sua vigência, sendo, portanto, irretroativa. Contudo, a lei poderá retroagir se for mais benéfica para o réu.

INTRODUÇÃO. APLICAÇÃO DA LEI PENAL 21

A lei posterior, que de qualquer modo favorecer o agente, aplica-se aos fatos anteriores,[3] ainda que decididos por sentença condenatória transitada em julgado (art. 2º, parágrafo único, do CP).[4]

A lei penal não retroagirá, salvo para beneficiar o réu (art. 5º, XL, da CF).

3. Ultratividade da lei temporária e excepcional

Algumas leis são editadas para vigorar apenas até certa data (leis temporárias) ou enquanto durarem certas circunstâncias (leis excepcionais).

Tais leis são ultra-ativas, pois, ainda que autorrevogadas, continuam a ser aplicadas para os fatos ocorridos durante o período de sua vigência (art. 3º do CP).

4. A lei penal no tempo

Em princípio, a lei penal rege os fatos ocorridos na sua vigência (*tempus regit actum*).

Todavia, se a lei penal for modificada durante o processo penal ou durante a execução da pena, prevalecerá a norma mais favorável ao réu, não importa se a anterior ou a posterior (ultratividade ou retroatividade da norma mais benéfica).[5]

Da mesma forma, se a lei nova deixar de considerar o fato como crime (*abolitio criminis*), se aplicará esta última, por ser mais favorável ao réu.

Ninguém pode ser punido por fato que lei posterior deixa de considerar crime, cessando em virtude dela a execução e os efeitos penais da sentença condenatória (art. 2º, *caput*, do CP).

A lei posterior, que de qualquer modo favorecer o agente, aplica-se aos fatos anteriores, ainda que decididos por sentença condenatória transitada em julgado (art. 2º, parágrafo único, do CP).

3. *Mistura de leis.* Embora a matéria não seja pacífica, tem prevalecido o entendimento de que não é permitido ao juiz misturar parte da lei velha e parte da lei nova, para extrair o maior benefício ao réu. Assim, o julgador se transformaria em legislador, criando uma lei "Frankenstein", formada com fragmentos de outras leis. Em um caso envolvendo tráfico de drogas, decidiu o STF que o juiz deve escolher e aplicar, na íntegra, a lei que seja mais favorável, proibida a criação de um terceiro diploma híbrido (RE 600.817-MS, rel. Min. Ricardo Lewandowski, j. 7.11.2013).

4. *Jurisprudência posterior benéfica.* O sistema de retroatividade benéfica é plenamente aplicável para as Súmulas dos Tribunais Superiores, vinculantes ou não, e para as interpretações conforme a Constituição que, na prática, passaram a ter força superior à lei.

5. A Súmula 711-STF prevê duas exceções ao princípio da aplicação da lei mais favorável ao réu: "A lei penal mais grave aplica-se ao crime continuado ou ao crime permanente, se a sua vigência é anterior à cessação da continuidade ou da permanência".

22 RESUMO DE DIREITO PENAL

Mas só se pode aplicar a lei anterior ou a lei posterior, não sendo admitida combinação ou mescla de leis, segundo o entendimento dominante. É que não compete ao juiz legislar, nem se pode admitir a mistura arbitrária de trechos de leis diferentes, mesmo que sob o pretexto de beneficiar o réu. No entanto, como já disse Basileu Garcia: "Esse critério [*formalismo institucional*], como orientação geral, é exato. Mas há casos em que a sua observância estrita leva a consequências clamorosamente injustas, e será necessário temperá-las com um pouco de equidade" (*Instituições*, I, p. 148).

A regra da lei mais favorável não se aplica quando se trata de normas penais em branco, vez que a ultratividade ou retroatividade benéfica só alcança o preceito principal e não o complementar. A matéria, porém, é controvertida.

4.1 Tempo do crime

Em que momento se considera cometido o delito?

A resposta a esta pergunta envolve três teorias, a teoria da atividade, a teoria do resultado e a teoria mista ou da ubiquidade.

Pela *teoria da atividade* considera-se cometido o delito no momento da ação ou omissão, aplicando-se ao fato, portanto, a lei vigorante ao tempo da ação ou omissão.

Pela *teoria do resultado* considera-se cometido o delito no momento da produção do resultado.

Pela *teoria mista ou da ubiquidade* pode-se considerar como tempo do crime tanto o momento da ação como o momento do resultado.

A teoria adotada pelo Código Penal foi a da atividade: "Considera-se praticado o crime no momento da ação ou omissão, ainda que outro seja o momento do resultado" (CP, art. 4º).

A fixação desse momento, referente ao tempo do crime, interessa para a aplicação de várias regras penais, como a determinação da lei aplicável ao fato, a menoridade ou não do agente ao tempo da ação etc.

$$
\text{TEMPO DO CRIME} \begin{cases} \textit{teoria da atividade} \\ \textit{teoria do resultado} \\ \textit{teoria mista ou da ubiquidade} \end{cases}
$$

5. A lei penal no espaço

Em princípio, aplica-se a lei brasileira no território brasileiro (princípio da territorialidade) (art. 5º do CP).

INTRODUÇÃO. APLICAÇÃO DA LEI PENAL

As embarcações e aeronaves brasileiras públicas ou a serviço do governo brasileiro são extensões do território nacional onde quer que se encontrem, e as de propriedade privada, respectivamente, quando em alto-mar ou sobrevoando o alto-mar (art. 5º, § 1º, do CP).

O princípio da territorialidade não é único, admitindo a lei outros critérios, em várias hipóteses, arroladas no art. 7º do Código Penal, como, por exemplo, o critério da personalidade ou o critério da universalidade.

Pelo *critério da personalidade*, pune-se o agente se ele for brasileiro, em caso de genocídio, mesmo que o fato tenha sido praticado no estrangeiro (art. 7º, I, "d", do CP). Pelo *critério da universalidade*, punem-se todos os crimes que por tratado ou convenção o Brasil se obrigou a reprimir, mesmo que praticados fora do País (art. 7º, II, "a", do CP).

5.1 Lugar do crime

No que se refere à determinação do local onde o crime foi praticado, considera-se praticado o crime no lugar em que ocorreu a ação ou omissão, no todo ou em parte, bem como onde se produziu ou deveria produzir-se o resultado (art. 6º do CP). Como se vê, aqui o Legislador adotou a *teoria mista ou da ubiquidade*. Desta maneira, mesmo que a ação criminosa tenha ocorrido inteiramente no estrangeiro, a lei brasileira será aplicável se a consumação se produziu ou deveria produzir-se no Brasil, na hipótese de crime tentado.

LUGAR DO CRIME
- *teoria da atividade*
- *teoria do resultado*
- *teoria mista ou da ubiquidade* (adotada pelo CP)

6. Imunidade diplomática

Embora atualmente as embaixadas e consulados não sejam considerados território estrangeiro, os agentes diplomáticos gozam de imunidade absoluta, sujeitando-se apenas à Justiça de seu país de origem e não à Justiça local. A pessoa do agente diplomático é inviolável, não podendo ser objeto de nenhuma forma de detenção ou prisão.

A imunidade estende-se aos membros de sua família e ao pessoal técnico e administrativo das representações e de organismos internacionais. A matéria é regulada pela Convenção de Viena, de 18.4.61, chancelada pelo Decreto 56.435/65 e aprovada pelo Decreto Legislativo 103/64.

24 RESUMO DE DIREITO PENAL

7. Imunidade parlamentar

A imunidade parlamentar pode ser material (absoluta) ou formal (relativa).

No que se refere aos delitos de opinião, a imunidade dos parlamentares é material ou absoluta, pois são eles invioláveis por suas opiniões, palavras e votos (art. 53, *caput*, da CF).

No que se refere aos demais delitos, porém, a imunidade dos parlamentares é formal ou relativa, podendo ser processados criminalmente. Mas a Casa respectiva pode sustar o andamento da ação pelo voto da maioria de seus membros (art. 53, § 3º, da CF).

A mesma sistemática de imunidade absoluta para os delitos de opinião e imunidade relativa para os delitos comuns aplica-se também aos deputados estaduais (art. 27, § 1º, da CF).

A sustação do processo suspende a prescrição enquanto durar o mandato (art. 53, § 5º, da CF).

Os vereadores são invioláveis por suas opiniões, palavras[6] e votos no exercício do mandato[7] e na circunscrição do Município (art. 29, VIII, da CF).[8] A Constituição Federal não conferiu imunidade formal aos vereadores.

6. Imunidade parlamentar. "Direito que não é absoluto, assim como não o é nenhum outro direito tutelado pela nossa Constituição Federal. Há que se ponderar, no caso concreto, os direitos conflitantes, preservando-se ao máximo os seus 'núcleos' fundamentais. No caso dos autos, a prova é farta a demonstrar que o réu extrapolou em seu discurso proferido na Tribuna da Câmara dos Vereadores e transmitido pela rádio local acusando injustamente o autor de ter praticado conduta ilícita, maculando, assim, a sua honra. Fato que enseja indenização pelos danos provocados" (TJRS, 9ª Câm., ACr 70057421182, rel. Des. Eugêncio Facchini Neto, j. 31.1.2014).

7. *In dubio pro imunidade*. Nas situações limítrofes, onde não esteja perfeitamente delineada a conexão entre a atividade parlamentar e as ofensas, mas que igualmente não se possa, de plano, dizer que exorbitam do exercício do mandato, a regra da imunidade deve prevalecer (STF Inq 4.354, j. 1.8.2017 – v. tb. Inq. 843-GO, 2.844-DF e 3.777-MG e Pet 5.875-DF).

8. Constituição Federal:

Art. 27, § 1º: "Será de quatro anos o mandato dos Deputados Estaduais, aplicando-se-lhes as regras desta Constituição sobre sistema eleitoral, inviolabilidade, imunidades, remuneração, perda de mandato, licença, impedimentos e incorporação às Forças Armadas".

Art. 29, VIII: "inviolabilidade dos Vereadores por suas opiniões, palavras e votos no exercício do mandato e na circunscrição do Município".

"Art. 53. Os Deputados e Senadores são invioláveis, civil e penalmente, por quaisquer de suas opiniões, palavras e votos.

"§ 1º. Os Deputados e Senadores, desde a expedição do diploma, serão submetidos a julgamento perante o Supremo Tribunal Federal.

INTRODUÇÃO. APLICAÇÃO DA LEI PENAL 25

8. Contagem de prazos

No Direito Penal o dia do começo inclui-se no cômputo do prazo. Contam-se os dias, os meses e os anos pelo calendário comum (art. 10 do CP). Nos prazos processuais, ao contrário, não se inclui o dia do começo (art. 798, § 1º, do CPP).

Se o Código Penal e o Código de Processo Penal tratarem da mesma matéria, como na decadência (arts. 103 do CP e 38 do CPP), conta-se pelo modo mais favorável ao réu, ou seja, no caso, pelo art. 10 do Código Penal, incluindo o dia do começo.

9. Legislação especial

As regras gerais do Código Penal aplicam-se aos fatos incriminados por lei especial, se esta não dispuser de modo diverso (art. 12 do CP).

"§ 2º. Desde a expedição do diploma, os membros do Congresso Nacional não poderão ser presos, salvo em flagrante de crime inafiançável. Nesse caso, os autos serão remetidos dentro de vinte e quatro horas à Casa respectiva, para que, pelo voto da maioria dos seus membros, resolva sobre a prisão."

Capítulo II

O FATO TÍPICO

A) O FATO TÍPICO: 1. Conceito de crime – 2. O fato típico – 3. O tipo – 4. Elementos do tipo – 5. O dolo e a culpa como integrantes do tipo – 6. Espécies de tipos. B) A CONDUTA: 1. Conceito de conduta – 2. Formas de conduta. Ação e omissão – 3. Crimes omissivos próprios – 4. Crimes comissivos por omissão: 4.1 Crimes omissivos por comissão – 5. A causalidade da omissão – 6. Omissão no caso de tortura. C) O DOLO E A CULPA: 1. O dolo – 2. Espécies de dolo – 3. A culpa – 4. Espécies de culpa – 5. O preterdolo (crime qualificado pelo resultado). D) AS TEORIAS DA AÇÃO E A COLOCAÇÃO DO DOLO E DA CULPA: 1. Teoria tradicional ou causalista da ação – 2. Teoria finalista da ação – 3. Teoria social da ação – 4. Posição da doutrina brasileira – 5. Posição do Código Penal brasileiro (Reforma de 1984). E) O RESULTADO: 1. O resultado – 2. Crimes materiais ou de resultado – 3. Crimes formais – 4. Crimes de mera conduta – 5. O resultado como lesão do objeto jurídico. F) RELAÇÃO DE CAUSALIDADE: 1. Relação de causalidade – 2. Superveniência de causa relativamente independente. G) TIPICIDADE. H) CONSUMAÇÃO E TENTATIVA: 1. Consumação – 2. Crimes instantâneos e permanentes – 3. "Iter criminis" (etapas ou fases do crime) – 4. Tentativa. I) OUTRAS QUESTÕES REFERENTES AO FATO TÍPICO: 1. Desistência voluntária – 2. Arrependimento eficaz – 3. Arrependimento posterior – 4. Crime impossível – 5. Erro de tipo – 6. Erro acidental ou secundário (erro sobre o objeto, erro sobre a pessoa) – 7. Erro na execução ("aberratio ictus") – 8. Resultado diverso do pretendido ("aberratio delicti") – 9. Erro sobre o nexo causal – 10. Conflito aparente de normas. J) CLASSIFICAÇÃO DE CRIMES: 1. Crimes próprios – 2. Crimes de mão própria – 3. Crimes habituais – 4. Crimes de ação múltipla ou de conteúdo variado – 5. Crime falho – 6. Crimes plurissubjetivos – 7. Crime progressivo – 8. Progressão criminosa – 9. Crime exaurido – 10. Crime complexo – 11. Crimes vagos – 12. Crimes unissubsistentes – 13. Crimes plurissubsistentes – 14. Crimes dolosos, culposos e preterintencionais – 15. Crimes materiais, formais e de mera conduta – 16. Crimes comissivos, omissivos puros e comissivos por omissão – 17. Crimes instantâneos, permanentes e instantâneos de efeitos permanentes – 18. Crimes de dano e crimes de perigo – 19. Crime impossível – 20. Crime de flagrante provocado – 21. Crime de flagrante

RESUMO DE DIREITO PENAL

esperado – 22. Crimes simples, qualificados e privilegiados – 23. Crime funcional – 24. Crimes de responsabilidade – 25. Crimes hediondos – 26. Crimes de bagatela – 27. Crimes à distância – 28. Crimes de empreendimento – 29. Crime de plástico, crime vazio e crime natural.

A) O FATO TÍPICO

1. Conceito de crime

A doutrina define o crime como sendo o *fato típico e antijurídico* (Damásio, Mirabete, Celso Delmanto).[1]

Para que exista o crime, portanto, basta que haja um fato típico e antijurídico. Para a aplicação da pena, porém, é necessário que o fato, além de típico e antijurídico, seja também culpável, isto é, reprovável.

O *fato típico* é composto pela *conduta* (ação ou omissão), pelo *resultado* (inerente à maioria dos crimes), pela *relação de causa e efeito entre a conduta e o resultado* (relação de causalidade), e também pela *tipicidade*.

Chama-se *tipo* a descrição feita pela lei da conduta proibida.

1. O mestre Basileu Garcia definia o crime como sendo "a ação humana, antijurídica, típica, culpável e punível".

A expressão "ação humana" equivale a fato típico, pois engloba também a conduta (ação ou omissão), o resultado e o nexo causal.

A culpabilidade, na definição clássica de Basileu Garcia, integrava o crime, pois continha em si o dolo e a culpa.

Com efeito, a culpabilidade, na teoria clássica, como veremos com detalhes mais adiante, referia-se ao dolo e à culpa em sentido estrito. Na teoria finalista a culpabilidade refere-se a um juízo de reprovação, de desvalor da conduta. E na teoria social da ação a culpabilidade abrange os dois conteúdos, ou seja, o dolo e a culpa, bem como o juízo de reprovação.

De um modo geral, os autores retiraram a culpabilidade do conceito formal de crime, considerando-a tão somente como requisito de imposição de pena e não como requisito do crime.

A *punibilidade*, por sua vez, referida na definição de Basileu Garcia, não pode, na verdade, faltar à ideia de crime, em sentido amplo, pois a criação das figuras criminais objetiva justamente a imposição de penas. Seria realmente curioso um Código Penal sem penas.

Dizer que crime é a ação punível não significa que a pena seja imposta inevitavelmente, em todos os casos, mas sim que determinada conduta é passível de pena, em tese, podendo a mesma ser excluída, por algum motivo, no caso concreto.

Mas do ponto de vista técnico, da lei posta, o crime é formulado de modo independente da pena, sendo esta uma consequência possível e não uma parte integrante da figura penal.

Por isso, os autores deixaram de incluir a punibilidade no conceito de crime.

O FATO TÍPICO

E se denomina *tipicidade* a correlação da conduta com o que foi descrito no tipo.

A *antijuridicidade* significa que o fato, para ser crime, além de típico, deve também ser ilícito, contrário ao Direito.

Ilicitude e antijuridicidade são palavras sinônimas. Tanto faz dizer fato típico e antijurídico, como fato típico e ilícito.

Em regra, o fato típico é antijurídico, já pela sua própria tipicidade. Mas, se existir uma causa que justifique o fato, embora típico, deixa ele de ser crime, por não ser antijurídico, como no caso de alguém praticar um fato típico em estado de necessidade ou em legítima defesa.

Na verdade, a antijuridicidade se resume num conceito negativo, ou seja, na verificação se ocorre ou não uma justificativa para o fato típico.

| CRIME É O FATO TÍPICO E ANTIJURÍDICO |

2. O fato típico

Como vimos, o fato típico compõe-se de vários elementos, desdobrando-se em conduta (ação ou omissão), resultado, relação de causalidade e tipicidade.

Antes de começarmos o estudo de cada um desses elementos do fato típico, faremos um exame do tipo penal, para melhor posicionamento do leitor. A seguir, estudaremos a conduta, o resultado e os demais elementos do fato típico.

$$
\text{FATO TÍPICO} \begin{cases} conduta\ (ação\ ou\ omissão) \\ resultado \\ relação\ de\ causalidade \\ tipicidade \end{cases}
$$

3. O tipo

Denomina-se tipo a descrição do fato criminoso, feita pela lei. O tipo é um esquema, ou uma fórmula, que serve de modelo para avaliar se determinada conduta está incriminada ou não. O que não se ajusta ao tipo não é crime.

Tipo equivale a *Tatbestand* no alemão, ou a *fattispecie* no italiano.

30 RESUMO DE DIREITO PENAL

O tipo tem uma função de *garantia*, impedindo que seja considerado crime o que não estiver descrito na lei. É também um *indício de antijuridicidade*, indicando que, em princípio, a conduta descrita é ilícita, salvo excludente prevista em lei.

4. Elementos do tipo

Existem no tipo elementos objetivos ou descritivos, elementos subjetivos e elementos normativos.

Elementos objetivos ou descritivos do tipo são elementos que se referem à materialidade do fato. O primeiro elemento do tipo, ou o seu núcleo, é a ação indicada pelo verbo (matar, subtrair, seduzir, etc.). Acompanham vários complementos e circunstâncias, referentes ao resultado, ao sujeito ativo, ao sujeito passivo etc.

Elementos subjetivos do tipo (chamados também elementos subjetivos do injusto, ou elementos subjetivos especiais) são os que, com exclusão do dolo genérico e da culpa, se referem a certas particularidades psíquicas da ação. Situam-se além do dolo, e se referem a um motivo, a uma tendência, ou a algum dado intelectual ou psíquico do agente.

Entre os elementos subjetivos do tipo está o *dolo específico*, que indica um fim especial visado pelo agente, como o fim de lucro (art. 141, parágrafo único, do CP).

São igualmente elementos subjetivos do tipo as *tendências subjetivas da ação*, que decorrem necessariamente da natureza do crime, como o objetivo de satisfazer uma pretensão, no exercício arbitrário das próprias razões (art. 345), ou a intenção de matar, no homicídio doloso (art. 121). Pode-se reconhecer aí também o dolo específico, embora não expresso, mas latente ou implícito.

Outro grupo de elementos subjetivos do tipo refere-se à *ciência de certos detalhes*, como saber que a coisa adquirida é produto de crime, na receptação dolosa (art. 180 do CP).

Pertencem também ao rol dos elementos subjetivos do tipo certas *características psíquicas do agente*, e ainda *certos motivos*, como a crueldade, a perversidade, o motivo fútil, o motivo torpe, etc.

Elementos normativos do tipo são expressões, empregadas pela lei, que exigem uma avaliação do seu significado jurídico ou social, como os conceitos de documento, cheque, ato obsceno, indevidamente, sem justa causa, sem autorização, etc.

O FATO TÍPICO

ELEMENTOS DO TIPO
- *Elementos objetivos ou descritivos*
- *Elementos subjetivos* (com exclusão do dolo genérico e da culpa)
  - Dolo específico
  - Tendências subjetivas da ação (dolo específico implícito)
  - Ciência de certos detalhes
  - Certas características psíquicas do agente
  - Certos motivos
- *Elementos normativos* (que exigem uma avaliação jurídica ou social)

5. O dolo e a culpa como integrantes do tipo

Para a escola clássica o dolo e a culpa fazem parte da culpabilidade e não do tipo.

Mas, como veremos adiante, a teoria finalista da ação insere o dolo e a culpa na ação, e em consequência no tipo, vez que a ação é o primeiro elemento do tipo.

A teoria social da ação, por sua vez, considera que o dolo e a culpa residem tanto no tipo (através da ação) como na culpabilidade.

6. Espécies de tipos

Na doutrina, chamam-se *tipos normais* os que contêm apenas elementos objetivos ou descritivos. *Tipos anormais* são os que contêm elementos subjetivos ou normativos. A distinção não parece feliz, pois os tipos da segunda espécie são comuns, ou seja, nada "anormais".

Os autores referem a existência de tipos fechados e tipos abertos.

Tipos fechados seriam aqueles em que a lei descreve por completo a conduta proibida, como no crime de homicídio doloso: "Art. 121. Matar alguém: Pena – reclusão, de 6 a 20 anos".

Tipos abertos seriam aqueles em que a tipicidade só poderia ser avaliada com o auxílio de um outro tipo, chamado tipo de extensão ou tipo secundário, ou de um critério de extensão.

Assim, por exemplo, a tipicidade da coautoria ou da participação no furto só pode ser obtida com o art. 155 (tipo principal) e o auxílio do art. 29 (tipo de extensão, que define a coautoria e a participação).

O mesmo ocorre no crime culposo (que necessita da norma de extensão do art. 18, II, que define a culpa) e na tentativa (que necessita do art. 14, II, que define a tentativa).

Há casos, porém, em que aparece a necessidade não de uma norma de extensão, que não existe, mas de um critério de extensão, fornecido não pela lei, mas pela doutrina e pela jurisprudência.

É o que ocorre nos tipos que contenham um elemento normativo, que depende de uma valoração jurídica ou social. No art. 233 do Código Penal, por exemplo (praticar ato obsceno em lugar público, ou aberto ou exposto ao público), é necessário apelar para um critério de extensão para se obter a avaliação do que seja socialmente "ato obsceno", expressão não definida no tipo.

Vários autores ensinam que nos crimes culposos e nos comissivos por omissão é necessário o subsídio de critérios doutrinários e jurisprudenciais de extensão, por entenderem não suficiente o auxílio das normas de extensão dos arts. 18, II, e 13, § 2º, do Código Penal.

Assim, em resumo, tipo aberto seria aquele que necessitaria, para a definição da tipicidade, do auxílio de uma norma de extensão ou, na falta ou na insuficiência desta, de um critério de extensão.

Mas nem todos os autores concordam com a tese dos tipos abertos no que se refere a critérios doutrinários ou jurisprudenciais de extensão, pela insegurança trazida à tipicidade.

"A teoria dos tipos abertos deve ser repelida, pois, se o tipo é compreendido como categoria do injusto, só pode ser visto como *fechado*, vez que de modo contrário lhe faltaria precisamente o caráter típico" (Hans Jescheck, *Tratado de Derecho Penal*, p. 336).

Alguns entendem que tipo aberto é apenas o complementado por critério de extensão. Havendo tipo de extensão expresso, como na tentativa e na coautoria, não há tipo aberto, mas *tipicidade indireta*, ou uso do que se chama *norma de reenvio*.

Tipos simples são os que descrevem uma única forma de ação punível.

Tipos mistos (de ação múltipla ou de conteúdo variado) (*Mischgesetze*) são aqueles em que a lei incrimina alternativamente várias formas de conduta, dentro do mesmo tipo. Exemplo: "destruir, subtrair ou ocultar cadáver ou parte dele" (art. 211 do CP). O crime é um só, mesmo que praticadas duas ou mais das modalidades previstas.

Excepcionalmente os crimes mistos podem ser cumulativos, respondendo o agente por cada um dos crimes praticados, embora inseridos no

O FATO TÍPICO

mesmo tipo. Um exemplo desta última espécie é o art. 242, onde a agente responde pelo crime de parto suposto e também pelo de registrar filho alheio como próprio.

Tipos básicos (ou fundamentais) são os referidos nas cabeças dos artigos.

Tipos derivados são as variantes dos tipos básicos, envolvendo principalmente os crimes qualificados e privilegiados.

Tipo de fato e tipo de autor. Tipo de fato é o que descreve condutas e resultados objetivos. O tipo de autor, raramente empregado, procura caracterizar certos modos de vida ou certas tendências do agente. Exemplo de tipo de autor seria a caracterização do criminoso habitual ou por tendência, para impor uma pena mais severa, como fazia o art. 64 do Código Penal de 1969.[2] Outro exemplo seria a figura do rufião, delineada no art. 230 do Código Penal atual,[3] em que se pune não uma ação isolada, mas um modo de vida. Consta que na Alemanha nazista procurou-se dar especial desenvolvimento aos tipos de autor.

Tipos dependentes são os que não subsistem por si, mas dependem de uma conexão com outros tipos, como ocorre na tentativa ou no concurso de agentes.

Tipo em sentido amplo é o que abrange todos ou quase todos os pressupostos do crime (conforme o doutrinador), como a conduta, o dolo e a culpa, os elementos do tipo, a culpabilidade, a antijuridicidade e as condições objetivas de punibilidade.

Tipo em sentido estrito é o que se refere apenas aos aspectos externos ou objetivos da ação. É o tipo clássico ou tradicional, de Beling: "descrição isenta de valor dos elementos externos de uma ação".

Tipo objetivo – o mesmo que tipo em sentido estrito.

Tipo subjetivo é o que se refere ao lado psíquico da ação.

Tipo total de injusto é um conceito segundo o qual as justificativas, como o estado de necessidade ou a legítima defesa, seriam elementos negativos do tipo. Assim, o tipo total estaria dizendo: tal ação é crime, salvo

---

2. Art. 64 do CP de 1969 (DL 1.004, de 21.10.69): "Em se tratando de criminoso habitual ou por tendência, a pena a ser imposta será por tempo indeterminado. O juiz fixará a pena correspondente à nova infração penal, que constituirá a duração mínima da pena privativa da liberdade, não podendo ser, em caso algum, inferior a três anos".

3. Art. 230 do CP (rufianismo): "Tirar proveito da prostituição alheia, participando diretamente de seus lucros ou fazendo-se sustentar, no todo ou em parte, por quem a exerça: Pena – reclusão, de um a quatro anos, e multa".

34 RESUMO DE DIREITO PENAL

se praticada em legítima defesa ou em estado de necessidade ou... (completa-se com todo o elenco das justificativas).

Tipo permissivo é aquele que define uma causa excludente, como a legítima defesa ou o estado de necessidade.

ESPÉCIES DE TIPOS
- *normal – anormal*
- *fechado – aberto*
- *simples – misto*
- *básico – derivado*
- *de fato – de autor*
- *dependente*
- *em sentido amplo – em sentido estrito*
- *objetivo – subjetivo*
- *tipo total de injusto*
- *permissivo*
- *etc.*

B) A CONDUTA

1. Conceito de conduta

A conduta ou ação é o comportamento humano, avaliado pelo Direito.

É necessário que a ação seja voluntária e consciente, não se considerando ação o ato meramente reflexo ou inconsciente.

No Direito Penal, a palavra ação é empregada em sentido amplo, abrangendo tanto a ação propriamente dita como a omissão.

2. Formas de conduta. Ação e omissão

Os crimes podem ser praticados por ação (crimes comissivos) ou por omissão (crimes omissivos).

Os crimes comissivos consistem num fazer, numa ação positiva. Os crimes omissivos consistem na abstenção da ação devida. Tanto se omite quem não faz nada (*nihil facere*) como quem se ocupa em coisa diversa (*aliud agere*).

Os crimes omissivos dividem-se em omissivos próprios (ou omissivos puros) e comissivos por omissão (omissivos impróprios).

O FATO TÍPICO

3. Crimes omissivos próprios

Os crimes omissivos próprios são crimes de mera conduta, ou de simples atividade, punindo a lei a simples omissão, independentemente de qualquer resultado, como na omissão de socorro (art. 135 do CP) ou na omissão de notificação de doença (art. 269 do CP). Podem ser imputados a qualquer pessoa.[4]

4. Crimes comissivos por omissão

Os crimes comissivos por omissão são crimes de resultado e só podem ser praticados por certas pessoas, chamadas *garantes*, que por lei têm o dever de impedir o resultado e a obrigação de proteção e vigilância em relação a alguém.

O Código Penal define quem são os *garantes*, isto é, quais são as pessoas que têm o dever de agir no sentido de evitar o resultado (art. 13, § 2º, "a", "b" e "c")[5] (este dispositivo somente se aplica aos crimes comissivos por omissão e não aos crimes omissivos puros).

São garantes os que tenham por lei obrigação de cuidado, proteção e vigilância, como parentes próximos entre si (letra "a"); ou quem, de alguma forma, assumiu a responsabilidade de impedir o resultado, como o guia de alpinistas ao dirigir um grupo (letra "b"); ou aquele cujo comportamento anterior criou o risco da ocorrência do resultado, como o caçador que fere imprudentemente seu companheiro e depois, ao invés de socorrê-lo, deixa-o abandonado, sobrevindo a morte (letra "c").

Com referência ao último exemplo, a doutrina dá o nome de *ingerência* a essa criação prévia de perigo.

Exemplo clássico de crime comissivo por omissão é o da mãe que deixa de alimentar o filho em fase de amamentação, causando-lhe, com isso, dolosamente, a morte.

---

4. Art. 135 do CP (omissão de socorro): "Deixar de prestar assistência, quando possível fazê-lo sem risco pessoal, à criança abandonada ou extraviada, ou à pessoa inválida ou ferida, ao desamparo ou em grave e iminente perigo; ou não pedir, nesses casos, o socorro da autoridade pública: Pena – detenção, de um a dois meses, ou multa".

Art. 269 (omissão de notificação de doença): "Deixar o médico de denunciar à autoridade pública doença cuja notificação é compulsória: Pena – detenção, de seis meses a dois anos, e multa".

5. Art. 13, § 2º, do CP (relevância da omissão): "A omissão é penalmente relevante quando o omitente devia e podia agir para evitar o resultado. O dever de agir incumbe a quem: a) tenha por lei obrigação de cuidado, proteção ou vigilância; b) de outra forma, assumiu a responsabilidade de impedir o resultado; c) com seu comportamento anterior, criou o risco da ocorrência do resultado".

RESUMO DE DIREITO PENAL

A responsabilidade nos crimes comissivos por omissão pode ser atribuída a título de dolo ou de culpa, conforme o caso.

Característica dos crimes comissivos por omissão é a de terem a descrição, ou o tipo, de crimes de ação, sendo praticados, porém, através de uma omissão.

Em princípio, existe possibilidade de tentativa nos crimes comissivos por omissão, como, aliás, em todos os crimes de resultado.[6]

4.1 Crimes omissivos por comissão

Trata-se do delito em que o agente pratica uma ação, para obter uma situação de omissão. Claus Roxin ilustra a hipótese com três grupos ou espécies de conduta (*Strafrecht*, AT, II, pp. 659 e ss.). O primeiro grupo refere-se à *participação* ativa em delito de omissão como, *v.g.*, a pessoa que instiga um médico a não atender um chamado de socorro. O segundo grupo refere-se à *omissão livre na sua causa* (*omissio libera in causa*), em que uma ação deliberada anterior conduz necessariamente à impossibilidade de agir, como no caso de quem destrói o assoalho do próprio bote, para impedir que ele seja utilizado no socorro de pessoa que está se afogando. O terceiro grupo, cuida da *tentativa interrompida de cumprimento da norma* (*Der Abgebrochene Gebotserfüllungsversuch*). A inicia uma ação de socorro, mas a interrompe, retirando os meios de salvamento que já havia oferecido, como no caso daquele que lança uma corda em direção à vítima que está se afogando, mas antes de ficar a corda ao alcance da vítima, puxa-a de volta, provocando a morte da vítima. Nas hipóteses citadas, predomina o entendimento de que o comitente/omitente responde por homicídio e não por simples omissão de socorro.

5. A causalidade da omissão

Nos termos da lei, existe causalidade na omissão, pois considera-se causa a ação ou omissão sem a qual o resultado não teria ocorrido (art. 13 do CP) (teoria da condição negativa, da equivalência das condições ou da *conditio sine qua non*).

Na doutrina, porém, predomina o entendimento de que não há nexo causal entre omissão e resultado, mas apenas uma *avaliação normativa*.

---

6. Exemplo de tentativa de crime comissivo por omissão seria o professor de natação abandonar seu aluno no meio da piscina, para que se afogasse, intervindo, porém, terceiro, com socorro oportuno.

O agente seria punido não por causar um resultado, mas por não ter agido para evitar o resultado.

A omissão não pode ser imputada ao acusado se o resultado ocorreria de qualquer forma, mesmo que ele agisse.

6. Omissão no caso de tortura

A Lei 9.455, de 7.4.97, tipificou como crime a atitude de quem se omite em face da tortura, quando tinha o dever de evitar ou apurar o fato (art. 1º, § 2º). No caso, o agente pode ser qualificado como garante, ou garantidor, por ter ele a obrigação legal de cuidado, proteção ou vigilância.

A disposição foi criada em cumprimento ao art. 5º, XLIII, da Constituição Federal.[7]

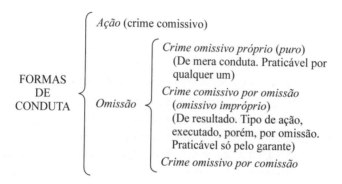

C) O DOLO E A CULPA

1. O dolo

O dolo consiste no propósito de praticar o fato descrito na lei penal. Crimes dolosos são os crimes intencionais.

Pela *teoria da vontade*, o dolo consiste na vontade e na consciência de praticar o fato típico. Pela *teoria da representação*, a essência do dolo estaria não tanto na vontade, mas principalmente na consciência, ou seja,

---

7. CF, art. 5º, XLIII ("a lei considerará crimes inafiançáveis e insuscetíveis de graça ou anistia a prática da tortura, o tráfico ilícito de entorpecentes e drogas afins, o terrorismo e os definidos como crimes hediondos, por eles respondendo os mandantes, os executores e os que, podendo evitá-los, se omitirem". V. L 8.072/90, que define os crimes hediondos), L 9.455/97, sobre crimes de tortura e L 13.260/2016, acerca do crime de terrorismo.

38 RESUMO DE DIREITO PENAL

na previsão do resultado. Pela *teoria do assentimento*, o dolo consistiria na aceitação do resultado, embora não visado como fim específico.

Das teorias, o Código Penal adotou a primeira e a última: diz-se o crime doloso quando o agente quis o resultado (teoria da vontade) ou assumiu o risco de produzi-lo (teoria do assentimento) (art. 18, I, do CP).

TEORIAS SOBRE O DOLO
{
teoria da vontade
teoria da representação
teoria do assentimento
}

Salvo os casos expressos em lei, ninguém pode ser punido por fato previsto como crime senão quando o pratica dolosamente (art. 18, parágrafo único, do CP).[8]

2. Espécies de dolo

Dolo direto ou determinado é aquele em que o agente quer o resultado.

Dolo indireto ou indeterminado é aquele em que a vontade do agente não é exatamente definida. Subdivide-se em dolo alternativo e dolo eventual.

Dolo alternativo é aquele em que o objeto da ação se divide entre dois ou mais resultados, como, por exemplo, matar ou ferir.

Dolo eventual é o que consiste na produção de um resultado danoso diante do qual o agente não se detém, embora não o deseje, aceitando-o, porém, como decorrência provável de sua ação.

Em outras palavras, existe dolo eventual quando o agente não deseja diretamente o resultado, mas assume o risco de produzi-lo (art. 18, I, segunda parte, do CP) (teoria do assentimento).

No dolo eventual o agente prevê o resultado de sua conduta e não deseja diretamente esse resultado. Mas diz para si mesmo: "seja como for, dê no que der, eu não deixo de agir". O resultado para ele é indiferente, mas não o afasta da conduta. Se ocorrer o dano, diz ele, tanto pior para a vítima.

Os casos seguintes são exemplos de dolo eventual: a) um médico, para fim científico, experimenta certa substância química que pode matar o paciente, e o resultado letal vem a ocorrer; b) o indivíduo *A*, sabendo-se portador de doença venérea, mantém relações sexuais com *B*.[9]

---

8. Nos crimes contra o meio ambiente, considera-se dolo ou culpa da pessoa jurídica, o dolo ou a culpa de seus dirigentes (L 9.605/98, art. 3º).

9. Predomina na doutrina o entendimento de que, em princípio, pode haver tentativa com dolo eventual.

O FATO TÍPICO

Dolo de dano é aquele em que o agente quer ou assume o risco de causar dano efetivo.

Dolo de perigo é aquele em que a conduta se orienta apenas para a criação de um perigo. O próprio perigo constitui o resultado previsto na lei, como o crime de perigo de contágio venéreo (art. 130 do CP).[10]

Dolo genérico é o dolo comum, em que o agente quer o resultado ou assume o risco de produzi-lo.

Dolo específico é o que se refere a um fim especial visado pelo agente, como o fim de lucro (art. 141, parágrafo único, do CP). Ao invés de dolo específico, há autores que preferem a expressão *elemento subjetivo do injusto*.

Dolo geral é aquele em que o resultado visado pelo agente acaba ocorrendo, não do modo previsto, mas em decorrência de outros atos praticados na mesma linha de conduta.

Age com dolo geral aquele que, pensando já ter matado a vítima a tiros, joga-a ao mar, para ocultar o cadáver, ocasião em que realmente ocorre a morte, por afogamento.

O dolo geral é um tipo de erro não escusante sobre o nexo causal (ver adiante *Erro sobre o nexo causal*, letra "I", n. 9).

Dolo de ímpeto é a ação executada de imediato.

A *premeditação*, ao contrário, indica uma atitude calculista anterior, mais ou menos prolongada.

Dolo necessário. O dolo direto comporta duas variantes: (a) *dolo direto* ou de primeiro grau e (b) *dolo necessário* ou de segundo grau. No primeiro caso, o agente quer exatamente o resultado produzido. Já no dolo necessário (ou de segundo grau) não deseja diretamente o resultado, mas sabe que ele será uma consequência necessária de sua conduta. Exemplo: o agente deseja diretamente matar o Presidente, detonando uma bomba no interior do avião em que a vítima viaja sobre o Oceano Atlântico. Não quer a morte dos demais passageiros, nem da tripulação, mas sabe que ela ocorrerá como consequência necessária de sua ação homicida. O dolo necessário não se confunde com o dolo eventual. No dolo eventual o agente não assume propriamente o resultado, mas apenas o risco de produzi-lo. No dolo necessário o resultado é certo, no dolo eventual o resultado é apenas possível.

---

10. Art. 130 do CP (perigo de contágio venéreo): "Expor alguém, por meio de relações sexuais ou qualquer ato libidinoso, a contágio de moléstia venérea, de que sabe ou deve saber que está contaminado: Pena – detenção, de três meses a um ano, ou multa. § 1º. Se é intenção do agente transmitir a moléstia: Pena – reclusão, de um a quatro anos, e multa. § 2º. Somente se procede mediante representação".

RESUMO DE DIREITO PENAL

$$\text{ESPÉCIES DE DOLO} \begin{cases} \textit{direto ou determinado} \\ \textit{indireto ou indeterminado} \begin{cases} \text{alternativo} \\ \text{eventual} \end{cases} \\ \textit{de dano} \\ \textit{de perigo} \\ \textit{genérico} \\ \textit{específico (ou elemento} \\ \quad \textit{subjetivo do injusto)} \\ \textit{geral} \\ \textit{de ímpeto} \\ \textit{premeditação} \\ \textit{dolo necessário} \end{cases}$$

3. A culpa

A culpa consiste na prática não intencional do delito, faltando, porém, o agente a um dever de atenção e cuidado. Modalidades da culpa são a negligência, a imprudência e a imperícia.

A *negligência* é a displicência, o relaxamento, a falta de atenção devida, como não observar a rua ao dirigir um carro.[11] *Imprudência* é a conduta precipitada ou afoita, a criação desnecessária de um perigo, como dirigir um carro com excesso de velocidade. A *imperícia* é a falta de habilidade técnica para certas atividades, como não saber dirigir direito um carro.

A essência da culpa está na *previsibilidade*. Se o agente devia mas não podia prever as consequências de sua ação, não há culpa.

A previsibilidade pode ser objetiva ou subjetiva. A *previsibilidade objetiva* é a que se refere ao homem comum ou médio, à previsibilidade que se presume todos possam ter. A *previsibilidade subjetiva* é a referente às condições pessoais do agente, dentro de sua capacidade ou possibilidade particular de previsão.

De acordo com alguns autores, o exame da previsibilidade objetiva serve para estabelecer a tipicidade, ao passo que a subjetiva serve para se avaliar a reprovabilidade da conduta (Damásio, H. C. Fragoso). Para outros, porém, a previsibilidade deve ser apenas a pessoal ou subjetiva (Mirabete, Delmanto).

Na caracterização do crime culposo é necessário que haja um resultado, e que o resultado tenha sido causado por culpa do agente. Sem resultado lesivo não há crime culposo, salvo se se tratar de crime de mera conduta.

---

11. **Negligência e causa de aumento**. Se a caracterização da culpa está lastreada na negligência (omissão no dever de cuidado) e a aplicação da causa de aumento da inobservância de regra técnica se assenta em outros fatos (prescrição de medicamento inadequado), inexiste o alegado *bis in idem* (STJ, 6ª T., REsp 1.385.814, rel. Min. Sebastião Reis Júnior, j. 21.6.2016, *DJe* 15.9.2016).

O FATO TÍPICO

A inobservância de disposição regulamentar, por si só, não gera presunção absoluta de culpa, admitindo prova em contrário.

Assim, mesmo que um motorista conduza seu veículo pela contramão, ou com freios defeituosos, não poderá ser responsabilizado penalmente por fato lesivo que venha a ocorrer por causas outras, totalmente alheias às irregularidades apontadas e sem que haja culpa de sua parte.[12]

No Direito Penal moderno não se admite a responsabilidade objetiva, sem culpa. Abolida está a antiga máxima do *versari in re illicita* (culpa presumida por conduta anterior irregular), ou do *qui in re illicita versatur etiam pro casu tenetur* (quem se conduz de modo irregular responde também pelo acaso).

Na esfera do Direito Penal não há compensação de culpas, subsistindo a responsabilidade penal mesmo que haja culpa parcial ou concorrente da vítima. O agente só se exime se provada a culpa exclusiva da vítima.

Pode haver coautoria em crime culposo. Como no caso de dois médicos imperitos, realizando juntos uma operação, ou no exemplo clássico de dois operários que juntos lançam uma tábua do alto de um edifício, ferindo um transeunte (outros exemplos no cap. V, item 7, *Concurso de pessoas em crime culposo*, na nota de rodapé).

A tentativa é inadmissível no crime culposo, pois este só existe se houver um resultado consumado e não intencional. "Imaginar um atentado culposo é o mesmo que sonhar um monstro lógico" (Carrara).

A forma culposa de crime só é punida se houver disposição expressa da lei nesse sentido (art. 18, parágrafo único, do CP).[13]

Resumo: Culpa é a prática não intencional do delito, mediante negligência, imprudência ou imperícia. A essência da culpa está na previsibilidade (não prever o que se devia e podia prever), que pode ser objetiva (do homem médio) ou subjetiva (do agente em particular). A inobservância de disposição regulamentar não gera presunção absoluta de culpa. Não há compensação de culpas. Há coautoria em crime culposo. Mas não há tentativa. Punição só em face de disposição expressa.

4. Espécies de culpa

Culpa inconsciente é a culpa comum, nas modalidades de negligência, imprudência e imperícia. O fato era previsível, mas o agente não o previu, por falta da atenção devida.

---

12. Assim, absolveu-se motorista que transportava passageiros em carroçaria de caminhão (*RT* 585/329), e motorista que estacionou veículo em local proibido (*RT* 591/337), em face da ausência de nexo causal e de culpa em ambos os casos, embora verificada a transgressão regulamentar (pela não adoção da máxima *versari in re illicita*).

13. Art. 18, § único, do CP: "Salvo os casos expressos em lei, ninguém pode ser punido por fato previsto como crime, senão quando o pratica dolosamente".

Culpa consciente é uma forma excepcional de culpa, em que o agente prevê o resultado, mas acredita que o mesmo não ocorrerá, por confiar erradamente na sua perícia ou nas circunstâncias.

Existem casos em que o agente prevê a possibilidade de causar um dano, mas, por um excesso imprudente de confiança em si mesmo ou em fatores circunstantes, calcula que pode evitar o resultado, que no fim acaba ocorrendo, verificando-se que a ação foi imprudente e o cálculo mal feito. Um motorista, por exemplo, tira uma "fina" de um transeunte, a título de brincadeira. Ele prevê que poderá ferir a vítima, mas confia errada e imprudentemente na sua "perícia", vindo a causar o dano.

Um caçador vê uma lebre passando por perto de um companheiro de caçada. Não quer atingir o companheiro, embora perceba a possibilidade de atingi-lo. Confia, porém, na sua pontaria e atira na lebre, matando o companheiro.

A culpa consciente distingue-se do dolo eventual. No dolo eventual o agente aceita ou tolera o resultado. Na culpa consciente, ao contrário, o agente não aceita de forma alguma o resultado, certo de poder evitá-lo. No Direito Penal não há diferença entre culpa consciente e culpa inconsciente, recebendo ambas o mesmo tratamento.

Culpa própria é a culpa comum, usando-se a expressão apenas em contraposição à chamada culpa imprópria.

Culpa imprópria (ou culpa por extensão) é outra forma excepcional de culpa em que o agente deseja o resultado, mas só o deseja por engano ou precipitação, como no caso daquele que atira numa pessoa dentro de uma sala escura, pensando tratar-se de um ladrão, quando se tratava de um visitante (erro de tipo inescusável). Ou no caso de alguém que fere outrem, pensando erroneamente que estava sendo atacado (legítima defesa putativa, por erro derivado de culpa).

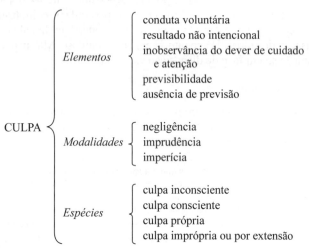

O FATO TÍPICO

5. O preterdolo (crime qualificado pelo resultado)

O preterdolo é uma das modalidades do crime qualificado pelo resultado. Chamam-se crimes qualificados pelo resultado aqueles em que a lei comina uma pena mais severa no caso de ocorrer um resultado mais grave do que o descrito no tipo fundamental.

No art. 129 do Código Penal, por exemplo, temos o tipo fundamental da lesão corporal: "Ofender a integridade corporal ou a saúde de outrem: Pena – detenção, de três meses a um ano".

E no § 1º do mesmo artigo temos várias hipóteses de qualificação pelo resultado, como a do inciso II, se resulta perigo de vida: "Pena – reclusão, de um a cinco anos" (lesão corporal de natureza grave).

Esse resultado mais grave, assinalado pela lei, pode ser doloso, culposo, ou ser proveniente de caso fortuito.

Se o agente quis o resultado mais grave, o dolo terá abrangido todas as consequências do fato, nada havendo de especial a observar. Deve-se anotar apenas que às vezes o resultado mais grave constitui uma outra figura penal autônoma, mudando-se, portanto, o título do crime.

Se o resultado mais grave ocorreu por caso fortuito, sem dolo nem culpa do agente, não responderá ele pelo tipo agravado, pois "pelo resultado que agrava especialmente a pena, só responde o agente que o houver causado ao menos culposamente" (art. 19 do CP) (Exposição de Motivos do CP, item 16).

Mas se o resultado mais grave tiver ocorrido por culpa do agente, por negligência, imprudência ou imperícia, teremos então um *crime preterdoloso*, ou preterintencional, onde existe dolo no antecedente (na figura fundamental) e culpa no consequente (no resultado mais grave).

Há preterdolo, portanto, quando o resultado excede culposamente a intenção do agente.

Exemplo clássico de crime preterdoloso é o do agente que agride a vítima com um soco, vindo a mesma a falecer, por ter tropeçado e batido com a cabeça numa pedra.

O exemplo dado se enquadra no art. 129, § 3º, do Código Penal – *Lesão corporal seguida de morte*: "se resulta morte e as circunstâncias evidenciam que o agente não quis o resultado, nem assumiu o risco de produzi-lo: Pena – reclusão, de 4 a 12 anos".

RESUMO DE DIREITO PENAL

CRIME QUALIFICADO PELO RESULTADO			
dolo no antecedente	+ dolo no consequente	=	crime qualificado pelo resultado (salvo se constituir outro crime autônomo)
dolo no antecedente	+ culpa no consequente	=	crime qualificado pelo resultado (preterdoloso)
dolo no antecedente	+ caso fortuito no consequente	=	o agente não responde pelo resultado mais grave (art. 19 do CP)

D) AS TEORIAS DA AÇÃO E A COLOCAÇÃO DO DOLO E DA CULPA

1. Teoria tradicional ou causalista da ação

A teoria tradicional ou causalista da ação considerava a ação como sendo um movimento corporal voluntário, que causava um resultado (daí o nome de teoria causalista). Não constituíam ação os atos não voluntários, como os atos reflexos ou os cometidos sob coação física.

O *dolo* e a *culpa em sentido estrito* (imprudência, negligência, imperícia) eram vistos como sendo as duas metades ou as duas espécies em que se dividia a *culpabilidade* (ou a culpa em sentido amplo). Dolo e culpa inseriam-se, portanto, no conceito de culpabilidade e não no conceito de ação.

A culpabilidade abrangia também a imputabilidade (como pressuposto do dolo e da culpa), bem como, para alguns autores, a exigibilidade de outra conduta.

Reconhecia-se que o crime é um todo indivisível. Mas, num primeiro momento, no exame da tipicidade, examinava-se apenas se determinada conduta era voluntária e se a mesma tinha ou não causado o resultado. O aspecto do dolo e da culpa era deixado para um exame posterior, a ser feito na verificação da culpabilidade.

O tipo era considerado como sendo um *molde exclusivamente objetivo*, destinado apenas a uma seleção preliminar das condutas penalmente relevantes (Beling – conceito restrito do tipo).

Entre os mestres da teoria tradicional estão Liszt, Beling e Radbruch.

> *Característica da teoria tradicional ou causalista da ação:*
> **colocação do dolo e da culpa na culpabilidade**

O FATO TÍPICO

2. *Teoria finalista da ação*

A teoria finalista da ação foi uma reação crítica à teoria tradicional.

De acordo com o finalismo, que foi elaborado por Welzel, ação é atividade psiquicamente dirigida. As atitudes objetivas, ainda que espontâneas ou voluntárias, nada significam sem o elemento psíquico.

Para que a ação seja algo compreensível, é necessário ver o propósito com que foi praticada, ou seja, é preciso verificar desde logo se a ação tinha ou não, como fim, a realização do fato típico. Daí a máxima finalista de que a causalidade é cega, ao passo que a finalidade vê.

A ideia do finalismo foi a de trazer todo o elemento psíquico para a ação. Com esse objetivo, o dolo foi retirado da culpabilidade e colocado na ação e, por via de consequência, no tipo, pois a ação é o primeiro elemento do tipo.

No que se refere ao dolo eventual, diz o finalismo que tanto faz ter por fim o resultado (dolo direto), como ter por fim algo que leva necessariamente ou possivelmente ao resultado (dolo eventual).

Assim sendo, podemos classificar como finalista quem coloca o dolo na ação e, em consequência, no tipo.

O dolo passou a confundir-se com o fim do agente de praticar o fato descrito na lei, ou seja, o dolo passou a ser sinônimo de *finalidade tipificada*.

Mas o fim de que fala o finalismo é um fim neutro, naturalisticamente considerado, nada mais sendo do que a orientação psíquica dirigida à prática do fato descrito no tipo.

Não se trata, como poderia parecer, de um fim-motivo, ou de um fim voltado contra o bem ou interesse protegido pela norma penal, ou de um fim malevolamente dirigido ao crime.

A culpa, da mesma forma, passou também a fazer parte da ação. Após algumas vacilações, terminou o finalismo por entender que o delito culposo seria a infração de um dever objetivo de cuidado, o mesmo, aliás, que já afirmava a escola tradicional.

Na culpa, a finalidade da ação é atípica, indiferente ao Direito, dando-se, porém, o fato típico pela ausência das cautelas devidas.

Com isso, esvaziou-se a culpabilidade do dolo e da culpa, que migraram para a ação. Em troca, passou-se a entender que a culpabilidade é um juízo de censurabilidade, de reprovação ou de desvalor da conduta.

A culpabilidade (como sinônimo de censurabilidade) passou a ter como elementos, ou pressupostos, a imputabilidade, a consciência potencial da ilicitude e a exigibilidade de conduta diversa.

46 RESUMO DE DIREITO PENAL

A conduta é culpável (ou censurável) quando o agente é imputável, sabe ou tem possibilidade de saber que o ato é ilícito e seria possível exigir-lhe conduta diversa (fatores, esses, que sustentam o conceito de censurabilidade).

> *Característica da teoria finalista da ação*:
> **colocação do dolo e da culpa na ação e, em consequência, no tipo**

3. Teoria social da ação

A teoria social da ação é uma teoria pós-finalista, constituindo-se numa síntese da teoria tradicional e da teoria finalista, vez que incorpora conceitos de ambas.

Entre os mestres da teoria social da ação estão Jescheck e Wessels, renomados penalistas da atualidade.

Para a teoria social, "ação é a conduta socialmente relevante, dominada ou dominável pela vontade humana" (Wessels).

Conduta socialmente relevante é a conduta socialmente danosa, exteriorizada pelo indivíduo, de modo a atingir o meio circunstante.

A expressão *conduta dominada pela vontade* refere-se ao propósito de praticar o fato típico (ação finalista). O termo *dominável* abrange o cuidado que teria sido possível nas circunstâncias (culpa em sentido estrito), bem como a ausência de uma esperada ação socialmente positiva (omissão) (Jescheck).

A teoria social da ação atribui ao dolo e à culpa uma função dupla, inserindo-os não só na ação (e no tipo), mas também na culpabilidade, numa simbiose entre causalismo e finalismo.

Na colocação da teoria social, a culpabilidade fica enriquecida, com a volta do dolo e da culpa para o seu lugar primitivo e natural, embora mantida integralmente a ligação dos mesmos com o tipo.

Existiria, portanto, o dolo do tipo e o dolo da culpabilidade, conforme o momento ou o ângulo em que o dolo fosse examinado.

O dolo do tipo, para a teoria social, é indiciário, mostrando provisoriamente a meta psicológica da ação. E o dolo da culpabilidade é o resultado do processo de motivação, indicando um "desvalor de ânimo".

Assim, nem sempre quem coloca o dolo na ação, e, em consequência, no tipo, é finalista. Pode bem tratar-se de um pós-finalista, adepto da teoria social da ação.

A culpabilidade, para a teoria social, é também censurabilidade, contendo como requisitos ou elementos o dolo ou a culpa (da culpabilidade),

O FATO TÍPICO

a imputabilidade, a consciência potencial da ilicitude e a exigibilidade de conduta diversa.

> *Característica da teoria social da ação:*
> **colocação do dolo e da culpa na ação (e, em consequência, no tipo) bem como na culpabilidade**

	TEORIAS DA AÇÃO		
	TEORIA CAUSALISTA	TEORIA FINALISTA	TEORIA SOCIAL
AÇÃO	BELING	WELZEL	JESCHECK-WESSELS
	Movimento corporal voluntário + Causação do resultado	Vontade dirigida para o resultado (a ser examinada desde logo)	Conduta socialmente relevante, dominada ou dominável pela vontade
TIPO	Prática do fato típico (Tipo objetivo)	Prática do fato típico (Tipo objetivo) + Dolo ou culpa (Tipo subjetivo)	Prática do fato típico (Tipo objetivo) + Dolo ou culpa (Tipo subjetivo)
CULPABILIDADE	DOLO OU CULPA (como espécies da culpabilidade) IMPUTABILIDADE (como pressuposto do dolo e da culpa) EXIGIBILIDADE DE CONDUTA DIVERSA (para alguns autores)	CENSURABILIDADE (como conteúdo da culpabilidade) Requisitos da censurabilidade: • imputabilidade • consciência potencial da ilicitude • exigibilidade de conduta diversa	CENSURABILIDADE (como conteúdo da culpabilidade) Requisitos da censurabilidade: • dolo ou culpa • imputabilidade • consciência potencial da ilicitude • exigibilidade de conduta diversa

4. Posição da doutrina brasileira

Na doutrina brasileira predomina quase que totalmente a teoria finalista da ação.

A crítica é violenta à teoria tradicional, cujos postulados os finalistas daqui e de fora fazem questão de dizer que caíram por terra, que ruíram, numa atitude que chega a surpreender pela agressividade.

Afinal, os conceitos são os mesmos, tratando-se apenas de uma reordenação ou recolocação, que os finalistas entendem mais adequada.

48 RESUMO DE DIREITO PENAL

A teoria social da ação não é tão atacada, mas em compensação não tem despertado muito interesse. Os tratados nacionais de Direito Penal não costumam dedicar mais do que algumas linhas à teoria social da ação, quase como se a mesma não existisse.

5. Posição do Código Penal brasileiro (Reforma de 1984)

Qual das três teorias foi adotada pelo Código Penal na Reforma de 1984? A causalista, a finalista ou a social?

Há autores que atribuem ao Código Penal uma posição definida, entendendo que o mesmo é finalista (Damásio), ou que tenha pelo menos uma "postura finalista" (Mirabete).

Outros entendem que o Código Penal não se prendeu a nenhuma das teorias, assumindo, portanto, uma posição eclética ou híbrida (Paulo José da Costa Jr., Pierangelli).

Com efeito, não parece que o estatuto penal tenha se inclinado por uma das escolas com exclusividade.

O Código Penal reformado, por exemplo, manteve uma redação tradicional ao considerar como causa a ação ou omissão sem a qual o resultado não teria ocorrido (art. 13, segunda parte).

A adoção do erro de tipo e do erro de proibição, de origem ou criação finalista, não significa necessariamente fidelidade ao finalismo, pois tais conceitos figuram hoje também em outras escolas não finalistas, ou pós--finalistas.

O Código Penal parece aproximar-se da teoria social da ação, ao mandar que o juiz avalie a culpabilidade do agente, para graduar a pena (art. 59), para medir a responsabilidade do coautor ou partícipe (art. 29), ou para autorizar o *sursis* (art. 77, II).

Na avaliação da culpabilidade, o exame do dolo é muito útil, e o exame da culpa, nos crimes culposos, é não só útil, mas indispensável.

Pode-se inferir, portanto, que o Código Penal reformado não limitou o dolo e a culpa somente ao tipo, mas estendeu-os também para a culpabilidade, seguindo as colocações da teoria social da ação.

Como ensina Mirabete, "a intensidade do dolo refere-se à pertinácia ou, ao contrário, à pouca disposição em perseguir a intenção criminosa; o dolo direto, por exemplo, é mais intenso que o dolo eventual, e a premeditação indica uma conduta mais reprovável do que aquela desencadeada por dolo de ímpeto" (*Manual de Direito Penal*, vol. I/291).

O FATO TÍPICO 49

E, no que se refere aos crimes culposos, não há como medir a culpabilidade sem avaliar a culpa. Como bem observa Heleno Cláudio Fragoso, "a culpabilidade nos crimes culposos refere-se à maior ou menor gravidade da violação do cuidado objetivo que se expressa na imprudência, na negligência ou imperícia. Como diz Aníbal Bruno, a reprovabilidade do fato aumenta quando é maior a desatenção geradora da ação punível; quando é maior a previsibilidade do resultado e maiores, nas circunstâncias, a capacidade e o dever do agente de prevê-lo" (*Lições de Direito Penal*, p. 337).

Não se pode realmente dispensar os elementos do dolo e da culpa na avaliação da culpabilidade. Aliás, sempre pareceu mesmo estranha essa ideia finalista de uma culpabilidade sem culpa.

A imputabilidade, a ciência potencial da ilicitude e a exigibilidade de conduta diversa (que são os únicos elementos da culpabilidade, segundo o finalismo) não se prestam a graduações para fins de aplicação de pena, sendo, portanto, critérios pobres e insuficientes sem o auxílio do dolo e da culpa.

E) O RESULTADO

1. O resultado

O segundo elemento do fato típico é o resultado da ação, descrito no tipo.

O resultado pode consistir num dano efetivo (crimes de dano) ou na criação de um perigo (crimes de perigo).

Crimes de dano são os que apresentam um dano efetivo como resultado da ação, como nos crimes de furto ou homicídio.

Crimes de perigo são os que apresentam, como resultado, um perigo efetivo, a ser demonstrado e provado (perigo concreto) (exemplo: perigo de contágio venéreo – art. 130 do CP).

Às vezes o perigo não precisa ser demonstrado e provado, por ser presumido pela lei. Neste caso estão os crimes de perigo abstrato ou presumido (exemplo: omissão de notificação de doença – art. 269 do CP).

Os crimes de perigo dividem-se, portanto, em crimes de perigo concreto e crimes de perigo abstrato ou presumido.

Ainda sob o aspecto do resultado, os crimes se dividem em crimes materiais ou de resultado, crimes formais e crimes de mera conduta. A maioria dos crimes são materiais ou de resultado.

50 RESUMO DE DIREITO PENAL

2. Crimes materiais ou de resultado

Nos crimes materiais ou de resultado, o tipo descreve um determinado resultado, destacado da conduta, que deve ocorrer para que se considere o crime consumado.

Esse resultado pode ser um dano ou um perigo concreto. No furto ou no estelionato temos um resultado de dano. No art. 132 do Código Penal, por outro lado, o resultado é um perigo concreto, a ser demonstrado e provado: "Art. 132. Expor a vida ou a saúde de outrem a perigo direto e iminente: Pena – detenção, de três meses a um ano, se o fato não constitui crime mais grave".

3. Crimes formais

Nos crimes formais o tipo também descreve um resultado. Só que esse resultado não precisa ocorrer efetivamente para que se caracterize a consumação, bastando a ação do agente e a sua vontade de alcançar o resultado.

Exemplo de crime formal é o crime de ameaça, em que se dá a consumação no momento em que a vítima toma conhecimento da ameaça, independentemente de sentir-se ela efetivamente ameaçada (art. 147 do CP). Assim também nos crimes de injúria ou difamação.

Por isso, os crimes formais são chamados de *crimes de consumação antecipada*, presumindo desde logo a lei que o resultado desejado pelo agente ocorreu.

Para outros, porém, o que há no crime formal não é a descrição de um resultado que não precisa ocorrer. O que há é que o resultado, no crime formal, vem enredado na conduta, surgindo ao mesmo tempo, concomitantemente com a mesma.

Assim, na falsificação de documento, por exemplo, há de se provar que a ação produziu, como resultado, um documento falso. E na injúria, que a ação ofendeu efetivamente a dignidade e o decoro de alguém.

Há também quem entenda que os crimes formais são crimes de perigo abstrato, em contraposição aos crimes materiais, que são de dano ou de perigo concreto.

Vários autores negam a existência da categoria dos crimes formais, que se confundiriam totalmente com os crimes de mera conduta.

4. Crimes de mera conduta

Nos crimes de mera conduta (ou de simples atividade), o tipo não descreve nenhum resultado naturalístico da ação. São chamados também de crimes puramente formais. São crimes de perigo abstrato ou presumido.

O FATO TÍPICO

A consumação, nos crimes de mera conduta, se dá com a simples ação ou omissão, como, por exemplo, no crime de omissão de notificação de doença (art. 269 do CP), no ato obsceno (art. 233 do CP), ou na violação de domicílio (art. 150 do CP).

Geralmente os crimes de mera conduta são dolosos. Nada impede, porém, a existência de figuras culposas, como as seguintes: fornecimento culposo de substância medicinal em desacordo com receita médica (art. 280, parágrafo único, do CP);[14] deixar o militar culposamente de desempenhar a missão que lhe foi confiada (art. 196, § 3º, do CPM);[15] "dormir a sentinela em serviço ou não prestar a devida atenção ao que ocorre à sua volta" (§ 608 do CP austríaco – *Pflichtverletzungen im Wachdienst*).[16]

5. O resultado como lesão do objeto jurídico

Alguns entendem o resultado como sendo a lesão do objeto jurídico, ou seja, a lesão do bem ou interesse tutelado pela norma penal.

Nesse sentido, de evento normativo, é claro, não haveria crime sem resultado.

Mas aí deixamos o campo do tipo e entramos na esfera da antijuridicidade, o que já é outro assunto.

Para a tipicidade o que interessa é o fato e o resultado naturalístico descrito no tipo, e não a sua antecipada valoração normativa.

	CARACTERÍSTICA DO TIPO	CONSUMAÇÃO
CRIME MATERIAL	Descrição da conduta e do resultado	Ocorre com o resultado
CRIME FORMAL	Descrição da conduta e do resultado	Ocorre já com a conduta, sem se esperar o resultado (ou ao mesmo tempo que a conduta)
CRIME DE MERA CONDUTA	Descrição só da conduta	Ocorre com a simples conduta

14. Art. 280 do CP (medicamento em desacordo com receita médica): "Fornecer substância medicinal em desacordo com receita médica: Pena – detenção, de um a três anos, ou multa. Parágrafo único. Se o crime é culposo: Pena – detenção, de dois meses a um ano".

15. Art. 196 do CPM (DL 1.001, de 21.10.69): "Deixar o militar de desempenhar a missão que lhe foi confiada: Pena – detenção, de seis meses a dois anos, se o fato não constitui crime mais grave; (...); § 3º. Se a abstenção é culposa: Pena – detenção, de três meses a um ano".

16. Outros exemplos de crimes dolosos e culposos de mera conduta encontram-se no artigo "O elemento subjetivo nas infrações penais de mera conduta", de Maximilianus Cláudio Américo Führer (*RT* 452/292).

F) RELAÇÃO DE CAUSALIDADE

1. Relação de causalidade

O Código adotou a teoria da equivalência dos antecedentes causais, ou da *conditio sine qua non*, considerando como causa toda ação ou omissão sem a qual o resultado não teria ocorrido (art. 13, segunda parte, do CP).

Como ensina Nélson Hungria, "causa é toda condição do resultado e todas as condições se equivalem. Não há distinguir entre causa e condição, entre causa e ocasião, entre causa e concausa; tudo quanto contribui para a produção do resultado é causa incindível dele" (*Comentários*..., vol. I, t. II/46).

A amplitude dessa teoria é temperada pela tipicidade, especialmente pela exigência do elemento subjetivo do dolo e da culpa, não bastando apenas a causação material de um resultado.

Não fosse assim, o construtor de uma ponte poderia ser responsabilizado por auxílio a suicídio sempre que alguém dali saltasse.

No que se refere à causalidade da omissão, já vimos num trecho anterior que, nos termos da lei, existe causalidade na omissão: "Considera-se causa a ação ou omissão sem a qual o resultado não teria ocorrido" (art. 13, segunda parte, do CP).

Predomina, porém, na doutrina o entendimento de que, na verdade, não há nexo causal entre a omissão e o resultado, mas apenas uma *avaliação normativa*. O agente seria punido não por causar um resultado, mas por não ter procurado evitá-lo.

2. Superveniência de causa relativamente independente

O art. 13, § 1º, do Código Penal limita também a equivalência das condições, ao dispor que se exclui a imputação na superveniência de outra causa, relativamente independente, que por si só produziu o resultado (salvo os fatos anteriores, imputáveis a quem os praticou).

Para a avaliação da preponderância das causas, indica a doutrina o critério da *linha de desdobramento físico* ou *anatomopatológico*.

Caio, ferido por Mário, vem a falecer no hospital, num incêndio ali ocorrido, ou por complicação da cirurgia.

O FATO TÍPICO

Na primeira hipótese (morte no incêndio) exclui-se a imputação a Mário, porque esse fator não está na linha natural de desdobramento físico do fato por ele praticado, ou seja, o incêndio não é decorrência natural do ferimento.

Na segunda hipótese (complicações da cirurgia) a morte relaciona-se diretamente com o ferimento, em cujo tratamento ocorreu a complicação. Não se exclui nesse caso a imputação, por estar tudo na mesma linha de desdobramento físico da ação primeira.

G) TIPICIDADE

A tipicidade consiste no ajuste perfeito do fato com o tipo, ou seja, na exata correspondência do fato praticado com a descrição legal existente. Onde não há tipicidade não há crime.

Examinemos, por exemplo, o art. 288 do Código Penal, que define o crime de *associação criminosa*: "Associarem-se três ou mais pessoas, para o fim de cometer crimes: Pena – reclusão, de um a três anos".

Neste crime não haverá tipicidade se a associação reunir apenas duas pessoas, vez que o tipo exige um mínimo de três pessoas. Assim também se a finalidade for apenas a de praticar contravenções, atos imorais ou ilícitos administrativos, pois o tipo exige a deliberação específica de cometer *crimes*.

A tipicidade deve abranger tanto o aspecto objetivo do fato típico (tipicidade objetiva) como o seu aspecto subjetivo (tipicidade subjetiva).

Usa-se a expressão *tipicidade indireta* quando o tipo penal tem de ser combinado com alguma outra norma geral, como ocorre na tentativa ou no concurso de agentes, em que o tipo do delito praticado deve ser conjugado com o tipo correspondente à tentativa ou ao concurso de agentes. A expressão tem relação com os chamados tipos dependentes e tipos abertos.

H) CONSUMAÇÃO E TENTATIVA

1. Consumação

Diz-se o crime consumado quando nele se reúnem todos os elementos de sua definição legal (art. 14, I, do CP).

Nos crimes materiais ou de resultado, a consumação se dá com a ocorrência do resultado descrito no tipo.

Nos crimes formais e de mera conduta, com a prática da ação proibida. Nos crimes permanentes, a consumação se prolonga no tempo, até que o agente resolva interrompê-la. Nos crimes habituais a consumação ocorre com a verificação da habitualidade.

2. Crimes instantâneos e permanentes

Denominam-se *crimes instantâneos* aqueles cujo resultado fica logo definido e encerrado, a partir de certo instante, como no furto, que se consuma e termina com a subtração.

Se as consequências do crime instantâneo são duradouras, e não podem mais ser alteradas pelo próprio agente, fala-se em *crime instantâneo de efeitos permanentes*, como ocorre no homicídio ou na bigamia.

Crimes permanentes são aqueles em que a consumação, embora já realizada, continua acontecendo e se renovando sem fim, prolongando-se no tempo.

O sequestro, por exemplo, consuma-se com o arrebatamento da vítima, prolongando-se o processo consumativo indefinidamente, até a libertação da mesma. O crime de associação criminosa, da mesma forma, consuma-se com a formação do grupo e se prolonga pelo tempo, até que se desfaça a associação (art. 288 do CP).

Enquanto durar a permanência não corre prescrição (art. 111, III, do CP); e pode ser efetuada a prisão em flagrante, vez que o crime se encontra em fase de consumação.

3. "Iter criminis" (etapas ou fases do crime)

No crime existem a fase de cogitação, a fase dos atos preparatórios, a fase de execução e a fase de consumação.

Em princípio, não se pune a cogitação, nem os atos preparatórios.[17] A execução se inicia com o primeiro movimento que concretize a realização da ação descrita no tipo.

Os atos preparatórios são ainda equívocos, não concludentes, não claros sobre a finalidade da ação, mantendo-se dentro da esfera dos atos pessoais do sujeito ativo.

---

17. **Terrorismo, exceção.** O art. 5º da L 13.260/2016 pune os atos preparatórios de terrorismo.

O FATO TÍPICO   55

Os atos de execução são unívocos, deixando perceber que se orientam para a realização do tipo penal; saem da esfera meramente pessoal do sujeito ativo e passam a invadir a esfera do sujeito passivo.

FASES DO CRIME
$\begin{cases} cogitação \\ atos\ preparatórios \\ execução \\ consumação \end{cases}$

4. Tentativa

Diz-se o crime tentado quando, iniciada a execução, não se consuma por circunstâncias alheias à vontade do agente. Salvo disposição em contrário, pune-se a tentativa com a pena correspondente ao crime consumado, diminuída de um a dois terços (art. 14, II, e parágrafo único, do CP).

Na tentativa perfeita (ou crime falho) o agente consegue praticar todos os atos necessários à consumação, embora essa acabe não ocorrendo. Na tentativa imperfeita a ação do agente é interrompida a meio caminho. Para o Código Penal não há diferença de tratamento entre essas duas modalidades.

Não há tentativa no crime culposo.

Na culpa imprópria ou por extensão (advinda de erro de tipo inescusável ou descriminante putativa) pode haver uma aparente configuração da tentativa, vez que o agente quer o resultado, embora levado por uma avaliação precipitada ou equivocada das circunstâncias.

Mas aí também não há possibilidade de se configurar tentativa de crime culposo. Ainda que o agente tenha tentado ferir ou matar em legítima defesa putativa, não há crime, pois nos crimes materiais a punição da culpa depende do advento de um resultado lesivo.

Nos crimes de mera conduta não se caracteriza também a tentativa, pois o início da execução já consuma o crime, independentemente da obtenção de um resultado destacado da conduta.

Não se configura a tentativa nos crimes omissivos próprios e nos crimes preterdolosos. Não é punível a tentativa de contravenção (art. 4º da LCP).

Predomina na doutrina o entendimento de que, em princípio, pode haver tentativa com dolo eventual.

I) OUTRAS QUESTÕES REFERENTES AO FATO TÍPICO

1. Desistência voluntária

O agente que voluntariamente desiste de prosseguir na execução só responde pelos atos já praticados (art. 15 do CP).

A lei, como disse Liszt, oferece *uma ponte de ouro*, estimulando o agente a retroceder.

Fala-se em *tentativa qualificada* quando restam atos já praticados, puníveis por si mesmos.

2. Arrependimento eficaz

Da mesma forma, só responde pelos atos já praticados o agente que impede que o resultado se produza, depois de realizados todos os atos necessários à consumação (art. 15 do CP).

Age com arrependimento eficaz quem ministra o antídoto que neutraliza em tempo o veneno dado anteriormente à vítima.

O arrependimento eficaz relaciona-se com a tentativa perfeita.

3. Arrependimento posterior

Nos crimes cometidos sem violência ou grave ameaça à pessoa, reparado o dano ou restituída a coisa, até o recebimento da denúncia ou da queixa, por ato voluntário do agente, a pena será reduzida de um a dois terços (art. 16 do CP).[18]

4. Crime impossível

Ligada ao assunto da tentativa encontra-se a teoria do crime impossível.

Não se pune a tentativa quando, por ineficácia absoluta do meio ou por absoluta impropriedade do objeto, é impossível consumar-se o crime (art. 17 do CP).

Exemplos de ineficácia absoluta do meio: ministrar açúcar, pensando tratar-se de arsênico; tentar disparar revólver totalmente imprestável.[19]

---

18. **Colaboração na apuração do crime.** O réu ou indiciado que colaborar na apuração do crime poderá obter a redução da pena, de um a dois terços, ou, se for primário, o perdão judicial (L 9.807/99).

19. **Vigilância eficaz.** "Sistema de vigilância realizado por monitoramento eletrônico ou por existência de segurança no interior de estabelecimento comercial, por si só, não torna impossível a configuração do crime de furto" (Súmula 567 do STJ).

O FATO TÍPICO

Exemplo de impropriedade absoluta do objeto: atirar num cadáver, pensando tratar-se de pessoa viva; manobras abortivas em mulher não grávida.

5. Erro de tipo

O erro de tipo ocorre quando o agente labora em erro sobre algum elemento do tipo, quer esse elemento seja fático ou normativo.

O erro de tipo pode referir-se a uma situação de fato (atirar numa pessoa, pensando tratar-se de uma figura de cera), ou a um aspecto normativo (que exige uma avaliação de seu alcance, como as expressões "ato obsceno", "dignidade", "indevidamente", "sem justa causa" etc.).

Responde pelo crime o terceiro que determinar o erro (art. 20, § 2º, do CP).

O erro de tipo exclui o dolo, mas permite a punição por crime culposo, se previsto em lei (art. 20 do CP).

Só constitui erro de tipo o erro essencial, ou seja, aquele erro que incide sobre a expressão inserida no tipo.

Não é erro de tipo o erro acidental, assim considerado o que recai sobre aspecto secundário, que não afeta nem altera a existência do crime.

Se *A* quis matar *B*, mas por engano de pessoa eliminou *C*, o erro é acidental ou secundário, vez que a expressão típica "matar alguém", do art. 121 do Código Penal, permanece intacta, apesar do engano.

O erro de tipo difere do erro de proibição. No erro de tipo o agente se engana sobre um elemento do tipo. No erro de proibição o engano não incide sobre o tipo, mas relaciona-se com a consciência da antijuridicidade, levando o agente a pensar erroneamente que o fato é permitido.[20]

6. Erro acidental ou secundário
(erro sobre o objeto, erro sobre a pessoa)

O erro acidental refere-se a circunstâncias situadas à margem da descrição do crime. Por isso não é certo falar-se em erro de tipo acidental, mas apenas em erro acidental, vez que não se trata de erro de tipo.

A doutrina aponta os seguintes erros acidentais:

---

20. Ver adiante o item *Diferença entre erro de tipo e erro de proibição*, cap. IV, item 18.

58 RESUMO DE DIREITO PENAL

Erro sobre o objeto ("error in objecto"). É o erro que versa sobre coisas, como furtar uma lata de verniz, pensando tratar-se de tinta, fato que não altera a figura típica do furto.

Erro sobre a pessoa ("error in persona"). É o erro que versa sobre pessoa, como matar *B*, pensando tratar-se de *A*, fato que não altera a figura típica do homicídio. Não se consideram, neste caso, as condições ou qualidades da vítima, senão as da pessoa contra quem o agente queria praticar o crime (art. 20, § 3º, do CP).

7. Erro na execução ("aberratio ictus")

Erro na execução, ou *aberratio ictus*, é o erro que ocorre na execução material do crime.

Por inabilidade ou acidente, o agente acaba atingindo pessoa diversa da que procurava atingir: *A* atira em *B*, acertando porém em *C*, que por ali passava (desvio do golpe).

O agente responde como se tivesse praticado o crime contra a pessoa visada. Se esta, além de outra pessoa, também é atingida, aplica-se a regra do concurso formal (art. 73 do CP).

8. Resultado diverso do pretendido ("aberratio delicti")

No erro na execução, ou *aberratio ictus*, que vimos acima, não muda o bem ou interesse protegido pela norma, apesar do erro.

Na *aberratio delicti*, porém, o erro leva à lesão de um bem ou interesse diverso daquele que o agente procurava atingir. Exemplo: o sujeito quer quebrar a vitrina de uma loja com uma pedrada (crime contra o patrimônio), mas atinge a balconista (crime contra a integridade corporal), ou vice-versa.

O tratamento dado à espécie está no art. 74 do Código Penal.

Pelo resultado não desejado o agente responde por culpa, se o fato é previsto como crime culposo. Se ocorre também o resultado pretendido, aplica-se a regra do concurso formal.

9. Erro sobre o nexo causal

Não há exclusão do crime se o resultado desejado vier a ocorrer por uma outra causa, diretamente relacionada com a ação desenvolvida pelo

O FATO TÍPICO   59

agente. Ou seja, o crime não é ilidido pelo erro sobre detalhes secundários do processo causal.

Quem lança alguém de uma ponte, para matar por afogamento, responde também se a morte ocorrer por fratura do crânio.

Um tipo especial de erro sobre o nexo causal é o chamado *dolo geral*.

Age com dolo geral quem pratica duas ou mais ações, pensando que o resultado visado já ocorreu em algum dos atos anteriores. É o caso daquele que fere a vítima a tiros e, julgando-a morta, lança o corpo num precipício, para ocultar o crime, ocorrendo, porém, a morte não pelos tiros, mas pela queda no precipício.

ERROS	
ERRO DE TIPO	– erro sobre circunstância fática ou normativa do tipo (art. 20 do CP)
ERRO DE PROIBIÇÃO	– erro sobre a licitude do fato (art. 21 do CP)
ERRO ACIDENTAL OU SECUNDÁRIO	– erro sobre circunstância não descrita no tipo (não exclui o crime nem a pena) (pode ser *in objecto* ou *in persona*)
ERRO NA EXECUÇÃO (*aberratio ictus*)	– (desvio do golpe) é atingida pessoa diversa da que foi visada (art. 73 do CP)
RESULTADO DIVERSO DO PRETENDIDO (*aberratio delicti*)	– é atingido um outro tipo de bem ou interesse (art. 74 do CP)
ERRO SOBRE O NEXO CAUSAL	– o resultado ocorre por causa diversa da imaginada, tendo, porém, relação com a conduta do agente
ERRO PROVOCADO POR TERCEIRO	– responde pelo crime o terceiro que determina o erro (art. 20, § 2º, do CP)

10. Conflito aparente de normas

Em regra, para cada ação delituosa existe só um tipo a ela adequado.

Quando duas ou mais normas parecem incidir sobre a mesma conduta, a cumulação é, na maioria das vezes, apenas aparente, podendo ser resolvida perfeitamente com a aplicação de uma só dessas normas. Daí falar-se em conflito aparente de normas.

Excetua-se o caso do *concurso formal*, em que duas ou mais normas incidem efetivamente sobre a mesma ação, ou a mesma norma incide mais de uma vez, embora única a ação (art. 70 do CP).

60 RESUMO DE DIREITO PENAL

Para a solução do conflito aparente de normas, indicam os autores os seguintes princípios: o da especialidade, o da subsidiariedade, o da consunção e o da alternatividade.

De acordo com o *princípio da especialidade*, a norma especial exclui a norma geral (*lex specialis derogat legem generali*). O infanticídio, por exemplo, é norma especial em relação ao homicídio.

Pelo *princípio da subsidiariedade*, uma norma só será aplicável se não for aplicada outra.

O art. 132 do Código Penal (perigo para a vida ou saúde de outrem)[21] só se aplica se o fato não constituir crime mais grave (*subsidiariedade expressa*). Não tipificado o estupro, pode ocorrer, porém, que reste caracterizado constrangimento ilegal, ou lesões corporais leves (*subsidiariedade tácita*).

Segundo o *princípio da consunção*, se uma conduta mostrar-se como etapa para a realização de outra conduta, diz-se que a primeira foi consumida pela segunda, restando apenas a punibilidade da última.[22]

As lesões corporais, por exemplo, são consumidas pelo homicídio, se aquelas constituírem fase de realização deste. O crime consumado absorve o crime tentado. O dano absorve o perigo etc.

O *princípio da alternatividade* refere-se aos chamados crimes de ação múltipla, em que o mesmo tipo contém duas ou mais condutas, havendo, porém, punição única. Quem instiga ao suicídio e também auxilia no suicídio comete um crime só, e não dois crimes (art. 122 do CP).

CONFLITO APARENTE DE NORMAS	
Característica	**Princípios**
Ação única Concurso de normas Adequação de uma norma, com exclusão das demais	Especialidade Subsidiariedade Consunção Alternatividade

21. Art. 132 do CP (perigo para a vida ou saúde de outrem): "Expor a vida ou a saúde de outrem a perigo direto e iminente: Pena – detenção, de três meses a um ano, se o fato não constitui crime mais grave".

22. **Porte de arma e disparo**. Consunção. Absorção pela legítima defesa de terceiro. Hipótese de homem que evitou o estupro da sobrinha (STF, HC 111.488, rel. Min. Luiz Fux, j. 17.4.2015).

O FATO TÍPICO 61

J) CLASSIFICAÇÃO DE CRIMES

1. Crimes próprios

Crimes próprios são os que exigem do agente uma determinada qualidade, como a de mãe, no infanticídio, ou a de funcionário público, no peculato. Admitem participação e coautoria.

2. Crimes de mão própria

Crimes de mão própria são os que têm de ser praticados pessoalmente pelo agente, como o falso testemunho. Admitem partícipe, mas não coautor. Há, contudo, quem entenda possível a coautoria nesses casos (*RT* 641/386).

3. Crimes habituais

Crimes habituais são os que exigem habitualidade, com a reiteração seguida da conduta, como no crime de exercício ilegal da medicina ou no crime de manutenção de casa de prostituição.

4. Crimes de ação múltipla ou de conteúdo variado

Os crimes de ação múltipla ou de conteúdo variado referem-se aos tipos alternativos ou mistos (*Mischgesetze*), em que se descrevem duas ou mais condutas, perfazendo-se o crime com a realização de qualquer delas. O crime será um só, embora praticadas duas ou mais ações. Exemplo: induzimento, instigação ou auxílio a suicídio (art. 122 do CP).

5. Crime falho

Crime falho é o que corresponde à tentativa perfeita, em que o agente pratica todos os atos necessários para o resultado, mas este acaba não ocorrendo.

6. Crimes plurissubjetivos

Crimes plurissubjetivos são os de concurso necessário de agentes, como no crime de associação criminosa, que só se perfaz com a associação de três pessoas ou mais, reunidas para o fim de cometer crimes (art. 288 do CP).

7. Crime progressivo

Crime progressivo é aquele cujas etapas anteriores também constituem crime, como o homicídio em relação às lesões corporais, que são por este absorvidas.

8. Progressão criminosa

Diz-se que há progressão criminosa quando o agente pratica um crime e depois, em nova resolução, resolve praticar outro, mais grave, como lesões corporais e homicídio, ou lesões corporais e estupro.

9. Crime exaurido

Crime exaurido (ou esgotado) é o já consumado nos termos da lei, com desdobramentos posteriores, que não mais alteram o fato típico. A obtenção do resgate, por exemplo, é apenas o exaurimento do crime de sequestro (art. 159 do CP). O fato posterior complementar é indiferente, ou apenas motivo para aumento de pena.

Em outras palavras, o crime do art. 159 do Código Penal se consuma com o sequestro da vítima. A obtenção eventual do resgate é mero exaurimento de um crime que já estava consumado.

A Súmula 238 do TFR dispunha que "a saída de veículo furtado para o exterior não configura o crime de contrabando", porque o contrabando, no caso, constitui mero exaurimento impunível do furto, já consumado.

10. Crime complexo

Crime complexo é o que contém em si duas ou mais figuras penais, como o roubo, composto pelo furto mais ameaça ou violência à pessoa.

Júlio Fabbrini Mirabete distingue entre *crimes complexos em sentido estrito*, que "encerram dois ou mais tipos em uma única descrição legal", como o roubo (art. 157 do CP), e *crimes complexos em sentido amplo*, que, "em uma figura típica, abrangem um tipo simples, acrescido de fatos ou circunstâncias que, em si, não são típicos", como o estupro (art. 213 do CP), que encerra a violência e a ameaça, mais o fato da conjunção carnal (*Manual de Direito Penal*, p. 134).

A ação penal em crime complexo que contenha aspectos de perseguição penal por ação pública e também por ação privada regula-se pelo art. 101 do Código Penal (ver adiante, cap. VIII, item 6).

O FATO TÍPICO

11. Crimes vagos

Crimes vagos são aqueles em que o sujeito passivo é uma coletividade sem personalidade jurídica, como a família, o público ou a sociedade. Exemplo: ato obsceno (art. 233 do CP). O certo seria dizer sujeito passivo vago (ou indefinido), e não crime vago.

12. Crimes unissubsistentes

Crimes unissubsistentes são os que, na prática, costumam ser realizados com um só ato, como a injúria verbal (art. 140 do CP). Não admitem tentativa.

13. Crimes plurissubsistentes

Crimes plurissubsistentes são os que costumam realizar-se através de vários atos, como o crime de redução à condição análoga à de escravo (art. 149 do CP).

14. Crimes dolosos, culposos e preterintencionais – Ver letra "C", 1, 3 e 5, deste capítulo.

15. Crimes materiais, formais e de mera conduta – Ver letra "E", 2, 3 e 4, deste capítulo.

16. Crimes comissivos, omissivos puros e comissivos por omissão – Ver letra "B", 2, 3 e 4, deste capítulo.

17. Crimes instantâneos, permanentes e instantâneos de efeitos permanentes – Ver letra "H", 2, deste capítulo.

18. Crimes de dano e crimes de perigo – Ver letra "E", 1, deste capítulo.

19. Crime impossível – Ver, neste capítulo, letra "I", 4.

20. Crime de flagrante provocado

Diz-se que o crime é de flagrante provocado quando o agente é levado à ação por instigação de alguém que, ao mesmo tempo, toma todas as medidas para evitar a consumação do delito, com a prisão em flagrante do agente.

64 RESUMO DE DIREITO PENAL

Exemplo comum nos seriados de televisão e no cinema é o do agente policial que se infiltra numa associação criminosa, assumindo o planejamento de um desastrado assalto a banco, onde todos são presos pelos policiais que, previamente alertados, já os esperavam.

Em face do Direito brasileiro, o crime de flagrante provocado equipara-se ao crime impossível.

Não há crime quando a preparação do flagrante pela Polícia torna impossível sua consumação (Súmula 145 do STF).

Mas o agente poderá ser incriminado se, apesar das cautelas, o evento acabou ocorrendo assim mesmo, ou se restava alguma possibilidade de que viesse a ocorrer.

21. *Crime de flagrante esperado*

No crime de flagrante esperado, o fato chega antecipadamente ao conhecimento de alguém, que não impede a realização da ação, mas toma providências para que haja prisão em flagrante no momento da consumação.

Alguns entendem que, no caso, existe tentativa, se o crime for material, ou até consumação, em caso de crime formal ou de mera conduta.

Para outros, havendo absoluta impossibilidade de consumação, em face das cautelas tomadas, aplica-se também no flagrante esperado a Súmula 145 supracitada.

22. *Crimes simples, qualificados e privilegiados*

Crimes simples são as formas básicas dos delitos, como no art. 121, *caput*, do Código Penal (homicídio simples).

Crimes qualificados são aqueles em que a lei acrescenta alguma circunstância ao tipo básico, para agravar a pena, como no art. 121, § 2º, do Código Penal (homicídio qualificado).

Crimes privilegiados são aqueles em que o acréscimo ao tipo básico serve para diminuir a pena, como no art. 121, § 1º, do Código Penal (homicídio privilegiado).

23. *Crime funcional*

Crime funcional é o praticado por funcionário público, desde que o fato tenha relação com as suas funções. Constitui uma modalidade de crime próprio (item 1 desta letra "J").

O FATO TÍPICO

Considera-se funcionário público, para os efeitos penais, quem, embora transitoriamente ou sem remuneração, exerce cargo, emprego ou função pública (art. 327 do CP).

Em especial, são crimes funcionais os previstos nos arts. 312 a 326 do Código Penal, como o peculato ou a prevaricação.

Diz-se que são *crimes funcionais próprios* aqueles crimes que só existem se o agente for funcionário público, como na prevaricação (arts. 319 e 319-A do CP). Neste caso, se o agente não for funcionário público, o fato é atípico.

Crimes funcionais impróprios são aqueles em que, se o agente não for funcionário público, continua o fato a ser crime, apenas com outra capitulação.

Assim, se não se caracterizar o peculato, por se verificar não ser o agente funcionário público, poderá restar a tipificação do furto ou da apropriação indébita, praticável por qualquer particular.

24. Crimes de responsabilidade

Crimes de responsabilidade em sentido estrito são os que podem ser praticados não por funcionários públicos em geral, mas apenas por certos agentes detentores do poder político da Nação.

Entre eles estão os atos do Presidente da República que atentem contra a Constituição Federal (art. 85 da CF), ou a omissão, por parte de Ministro do Estado, na prestação de informações à Câmara dos Deputados ou ao Senado Federal (art. 50 da CF).

Outro exemplo é o Decreto-lei 201, de 27.2.67, que dispõe sobre a responsabilidade administrativa e penal dos prefeitos e vereadores.

Os *crimes de responsabilidade em sentido amplo*, por sua vez, abrangem tanto os crimes de responsabilidade em sentido estrito como os crimes funcionais próprios e impróprios, vistos no item anterior.

Há autores que não fazem distinção de terminologia entre crimes funcionais e crimes de responsabilidade.

25. Crimes hediondos

De acordo com a Lei 8.072/90 (com as modificações da L 12.015/2009), são hediondos os seguintes crimes, consumados ou tentados: homicídio simples, quando praticado em atividade típica de grupo de extermínio, ainda que cometido por um só agente; homicídio qualificado; latrocínio de que resulta morte; extorsão qualificada pela morte; extorsão

66 RESUMO DE DIREITO PENAL

mediante sequestro; estupro[23] (art. 213, §§ 1º e 2º, do CP); estupro de vulnerável (CP, art. 217-A, *caput* e §§ 1º, 2º, 3º e 4º); epidemia com resultado morte; genocídio (L 2.889/56), posse ou porte ilegal de arma de fogo de uso restrito (L 10.826/2003, art. 16) e a falsificação, corrupção, adulteração ou alteração de produto destinado a fins terapêuticos ou medicinais (art. 273, do CP) e favorecimento da prostituição ou de outra forma de exploração sexual de criança ou adolescente ou de vulnerável (art. 218-B, *caput*, e §§ 1º e 2º).

Os crimes hediondos, a prática de tortura, o tráfico ilícito de entorpecentes e drogas afins[24] e o terrorismo,[25] não comportam anistia, graça, indulto ou fiança. Além disso, a pena, nesses crimes, é cumprida inicialmente em regime fechado.[26]

O crime de tortura também não comporta anistia, graça e fiança, mas não há proibição para indulto ou liberdade provisória, e o regime prisional é também inicialmente fechado (L 9.455/97, art. 1º, § 7º). Os processos por crime hediondo têm prioridade de tramitação em todas as instâncias (art. 394-A do CPP).

26. Crimes de bagatela

Crimes de bagatela são crimes em que o juiz, ao examinar a fixação da pena (art. 59 do CP), conclui que ela, ainda que mínima, seria inteiramente desproporcional ao fato.

Trata-se de uma espécie de perdão judicial extralegal, sem previsão expressa, que tem sido aplicado ultimamente pelos tribunais (*RT* 713/361, 728/658, 731/652, 733/579, 734/748, 739/724, 743/639, 761/649, 821/590, 823/632).

O dano deve ser ínfimo, em relação ao tipo, e a análise da conduta e da culpabilidade favorável ao réu.

23. O estupro com violência ficta não constitui crime hediondo (STJ, 5ª T., HC 9.642-MS, Rel. Felix Fischer, *DJU* 11.10.99, p. 77).

24. **Associação para o tráfico, crime hediondo**. "O crime previsto no art. 35 da Lei n. 11.343/06 é equiparado a hediondo, uma vez que a *mens legis* é punir aqueles que cometem os delitos relacionados com o tráfico de maneira mais severa" (TJMG, 1ª Câm. Crim., Ag ExPen 1.0035.13.003199-6/001, rel. Des. Alberto Deodato Neto).

Tráfico privilegiado, exclusão. O tipo do art. 33, § 4º, da L 11.313/2006, não se harmoniza com a hediondez do tráfico de entorpecentes. Contornos mais benignos, menos gravosos que autorizam o afastamento dos rigores da L 8.072/90 (STF, Pleno, HC 118.533, rel. Min. Cármen Lúcia, j. 23.6.2016).

25. Tipificado na L 13.260/2016.

26. Com progressão de regime após o cumprimento de 2/5 da pena (40%) ou 3/5 no caso de reincidência (60%).

O FATO TÍPICO

Exemplos de crimes de bagatela: furto de uma caixa de ovos; apropriação de um cinto estragado; falsificação de "carteirinha" de cobrador de ônibus, para não pagar uma passagem; subtração de um pano de prato; subtração de uma colher de pedreiro.

Os crimes de bagatela baseiam-se no *princípio da insignificância*[27] *ou da irrelevância*. Como diziam os romanos, *de minimis non curat praetor* (o pretor não cuida de ninharias).

A análise deve ser feita em relação à gravidade do tipo. Não pode o juiz declarar insignificante o próprio dispositivo legal do crime ou da contravenção (*RT* 717/431).

A aplicação do princípio da insignificância ou irrelevância aproxima-se muito da *teoria social da ação*, de Jescheck e Wessels, que define a ação como sendo a "conduta *socialmente relevante*, dominada ou dominável pela vontade humana".

Há julgados que distinguem entre insignificância e irrelevância.

A insignificância abrangeria apenas o aspecto do resultado ínfimo. A irrelevância, porém, além do resultado ínfimo, exigiria também uma avaliação favorável das demais circunstâncias judiciais, do art. 59 do CP, como culpabilidade, antecedentes, conduta social, personalidade, motivos e circunstância.

Assim, para uns, o crime de bagatela seria o de resultado insignificante (ínfimo). Para outros, porém, seria o que trata de fato irrelevante (resultado ínfimo, mais aspecto favorável em todas as outras circunstâncias).[28]

27. Crimes à distância

Crimes à distância (de trânsito ou de espaço máximo) são aqueles em que a ação ocorre num país e o resultado noutro país.

---

27. **Princípio da insignificância – Não se aplica**: No **descaminho constante** (TRF 3ª R., 11ª Câm. Crim., ACr 0007909-56.2009.4.03.6112-SP); no **tráfico de armas** (TRF 3ª R., 2ª Câm., ACr 0003207-68.2013.4.03.6131-SP); para o **infrator contumaz** (STJ, 6ª T., HC 285.180); no **crime contra a Administração Pública** (Súmula 599 do STJ); nos **crimes e contravenções contra mulher** no âmbito das relações domésticas (Súmula 589 do STJ); no **contrabando de produtos proibidos** (TRF 3ª R., 1ª T., Processo 2010.61.11.000188-1-SP); no crime de **moeda falsa** (STJ, AgRg no REsp 1.395.016, j. 16.5.2017).

28. A reincidência não impede o reconhecimento do princípio da insignificância (TJMG, 5ª Câmara Criminal, ACr 1.0699.05046644-9/001-Ubá/MG, j. 30.5.2006, *Boletim AASP* 2.491, Ement. 1.255). Não basta o baixo valor da coisa, devendo se verificar também a periculosidade do agente e o grau de responsabilidade da conduta (*RT* 903/478, 903/566).

RESUMO DE DIREITO PENAL

O Brasil segue o critério da *ubiquidade*, fixando a competência da lei penal brasileira tanto pelo local da ação como pelo local do resultado (CP, art. 62). *Ubíquo* é o que está ao mesmo tempo em toda parte (Aurélio).

28. *Crimes de empreendimento*

Crimes de empreendimento são aqueles poucos em que a lei, expressa e excepcionalmente, pune desde logo a tentativa de modo igual à consumação, bastando o início da execução para se punir todo o plano (empreendimento) criminoso do agente, como se consumado fosse. Exemplo: art. 352 do CP: evadir-se ou tentar evadir-se o preso ou o indivíduo submetido a medida de segurança, usando de violência contra a pessoa – pena de detenção, de 3 meses a 1 ano, além da pena correspondente à violência. O propósito da lei, no caso, é o de não permitir a atenuação da pena na tentativa. O crime é empreender, ou seja, agir em determinado sentido, proibido pela lei.

29. *Crime de plástico, crime vazio e crime natural*[29]

Crime natural. Tipificação incriminadora que tem por fundamento regra da natureza, transmitida geneticamente e relacionada ao instinto coletivo de sobrevivência. Isto é, regra que deriva da relação homem/mundo. Sua característica principal é a permanência, acompanhando a sociedade e repetindo-se uniformemente nas várias legislações através da história. Ex.: homicídio, lesões corporais, estupro, furto e roubo.

Crime de plástico. Estrutura penal incriminadora artificial que adere e imita o Direito Penal natural. Tem por objeto a defesa das prerrogativas do poder e da autoridade (ex. desobediência), interesse exclusivamente moral ou religioso e de cunho econômico específico. Sua característica é a impermanência, desaparecendo com o passar do tempo e evolução das sociedades. Ex.: heresia, apostasia, incriminação da produção de álcool sem autorização e crimes tributários em geral.

Crime vazio. Subespécie dos crimes de plástico. Tipificação penal artificial, que perdeu o objeto ou nunca teve um bem jurídico concreto e real tutelado. Ex.: falta de escrituração contábil antes ou depois da sentença de falência, crimes de acumulação e de perigo abstrato.

---

29. Sobre o tema, v. o nosso *História do Direito Penal (Crime Natural e Crime de Plástico)*, São Paulo, Malheiros Editores, 2005.

Capítulo III

A ANTIJURIDICIDADE

1. Conceito de antijuridicidade – 2. A consciência da ilicitude ou da antijuridicidade – 3. Justificativas ou causas de exclusão da antijuridicidade – 4. Estado de necessidade – 5. Legítima defesa – 6. Estrito cumprimento de dever legal – 7. Exercício regular de direito – 8. Consentimento do ofendido – 9. Excludentes de tipicidade.

1. Conceito de antijuridicidade

Dois itens caracterizam a antijuridicidade:

$1^{\underline{o}}$) a realização do fato típico;

$2^{\underline{o}}$) a ausência de uma causa de justificação.

Como ensina Enrique Bacigalupo, *"antijurídica é uma ação típica que não está justificada* (...). A antijuridicidade consiste na falta de autorização da ação típica. Matar alguém é uma ação típica porque infringe a norma que diz 'não deves matar'; esta mesma ação típica será antijurídica se não for praticada sob o amparo de uma causa de justificação (por exemplo, legítima defesa, estado de necessidade etc.)" (*Manual de Derecho Penal*, p. 88).

Alguns autores falam em antijuridicidade formal na simples realização do tipo e em antijuridicidade material na realização do tipo acrescida da ausência de justificativa.

A distinção não procede. O que existe é uma só antijuridicidade, a material, vez que a formal confunde-se com a própria tipicidade.

Para uns, a antijuridicidade é subjetiva, ou seja, só existe em relação aos imputáveis, que possam compreender e orientar-se de acordo com a norma. Para outros ela é objetiva, independendo do fato de ser o agente imputável ou não.

70 RESUMO DE DIREITO PENAL

2. A consciência da ilicitude ou da antijuridicidade

A consciência da ilicitude ou da antijuridicidade, por parte do agente, tem recebido tratamento diverso, conforme a orientação doutrinária seguida.

Dentro da escola tradicional ou causalista, há quem considere a consciência da antijuridicidade como parte integrante do dolo (teoria normativa), ao passo que outros não a consideram como parte integrante do dolo (teoria psicológica).

Para o finalismo, a consciência potencial da antijuridicidade faz parte não do dolo, mas da culpabilidade.

Esta matéria será examinada adiante, no capítulo da *Culpabilidade*, no item referente à *Consciência potencial da ilicitude* (cap. IV, item 4).

3. Justificativas ou causas de exclusão da antijuridicidade

As justificativas ou causas de exclusão da antijuridicidade encontram-se relacionadas no art. 23 do Código Penal: estado de necessidade, legítima defesa, estrito cumprimento de dever legal e exercício regular de direito. Há também algumas justificativas específicas na Parte Especial do Código Penal, como, por exemplo, a coação exercida para impedir suicídio (art. 146, § 3º, II, do CP).

As justificativas ou causas de exclusão da antijuridicidade reconhecem-se em regra pela expressão *não há crime*, como no art. 23 do Código Penal.

As causas de exclusão de pena, também chamadas *dirimentes*, que veremos mais adiante, em outro capítulo, revelam-se em regra pela expressão *é isento de pena*, ou *não é punível*, como nos arts. 20, § 1º, e 22 do Código Penal.

Vários autores entendem que as justificativas não são apenas objetivas, sendo necessário o elemento subjetivo, de modo que o agente tenha a convicção de agir de acordo com uma justificativa.

Há autores que admitem a existência de justificativas supralegais, além das previstas expressamente na lei penal.

Assis Toledo, por exemplo, cita como justificativa extralegal o consentimento do ofendido, quando admissível, como no crime de dano ou de cárcere privado.

Uma escola considera as justificativas como sendo elementos negativos do tipo (Merkel, Frank). Assim, no caso do homicídio, o comando da

A ANTIJURIDICIDADE 71

lei não seria apenas *não matar*, mas sim *não matar, salvo quando em legítima defesa, em estado de necessidade* etc. A consequência da tese é ficar a antijuridicidade inserida no próprio tipo.

O excesso no exercício da justificativa pode ser punido a título de dolo ou de culpa, se for o caso (art. 23, parágrafo único, do CP).

JUSTIFICATIVAS OU CAUSAS EXCLUDENTES DA ANTIJURIDICIDADE

NA PARTE GERAL DO CÓDIGO PENAL
estado de necessidade
legítima defesa
estrito cumprimento de dever legal
exercício regular de direito
(art. 23 do CP)

NA PARTE ESPECIAL DO CÓDIGO PENAL
ofensa irrogada em juízo, na discussão da causa (art. 142, I)
aborto para salvar a vida da gestante (art. 128)
violação de domicílio, quando um crime está ali sendo praticado
(art. 150, § 3º, II), etc.

JUSTIFICATIVAS SUPRALEGAIS
(Para os autores que as admitem.
Como o consentimento do ofendido, nos direitos disponíveis)

---

4. Estado de necessidade

Considera-se em estado de necessidade quem pratica o fato para salvar de perigo atual, que não provocou por sua vontade, nem podia de outro modo evitar, direito próprio ou alheio, cujo sacrifício, nas circunstâncias, não era razoável exigir-se (art. 24 do CP).

São exemplos de estado de necessidade a disputa de náufragos pela posse de uma tábua de salvação, a destruição de um tabique de madeira do vizinho para deter um incêndio etc.[1]

---

1. Outros exemplos de estado de necessidade: agente que, ferido a faca no peito e em busca de assistência médica, atropela transeunte, causando-lhe a morte (*JTACrimSP* 96/156); venda de carne acima da tabela, por ter sido comprada também acima da tabela (impossibilidade, a não ser através desse meio, de exercer a profissão) (*JTACrimSP* 94/507); acusado que, desempregado, devendo prover a subsistência de prole numerosa e esposa grávida, subtrai alimentos e utilidades domésticas em supermercado (*RT* 600/367).

72 RESUMO DE DIREITO PENAL

A intenção deve ser a de afastar ameaça a direito próprio ou alheio. A conduta deve ser razoável, ou seja, o bem sacrificado, em princípio, deve ter valoração *inferior* ou *igual* ao bem preservado.

Embora seja razoável exigir-se o sacrifício do direito ameaçado (bem sacrificado de valoração *superior* ao bem preservado), a pena poderá ser reduzida de um a dois terços (art. 24, § 2º, do CP).

O perigo deve ser atual, mas se tem admitido também o perigo iminente. Perigo que não podia ser evitado de outro modo. E que não tenha sido causado dolosamente pelo agente (o perigo causado culposamente não afasta a excludente, conforme se tem entendido).

Não pode alegar estado de necessidade quem tinha o dever legal de enfrentar o perigo (art. 24, § 1º, do CP). Predomina o entendimento de que o dispositivo só alcança quem tinha dever funcional de enfrentar o perigo, como o bombeiro, o policial, o soldado ou o capitão de navio.

O excesso, no exercício do estado de necessidade, pode ser punido a título de dolo ou de culpa, se for o caso (art. 23, parágrafo único, do CP).

O Código Penal brasileiro adotou a *teoria unitária*, de modo a relacionar sempre o estado de necessidade com a exclusão da antijuridicidade.

Na doutrina alemã, porém, há também uma *teoria diferenciadora*, em que o estado de necessidade exclui às vezes a antijuridicidade (estado de necessidade justificante – bem sacrificado de valoração inferior ao bem preservado), e outras vezes apenas a culpabilidade (estado de necessidade exculpante – bem sacrificado de valoração igual ao bem preservado).

No estado de necessidade *defensivo*, a reação se dirige contra a fonte do perigo (por exemplo, desferir uma paulada num robô, que ameaça atacar com uma machadinha).

No estado de necessidade *agressivo*, a reação se dirige contra coisa diversa da fonte de perigo (por exemplo, derrubar um transeunte, ferindo-o, ao fugir da agressão de um louco).

O *estado de necessidade putativo* ocorre quando o agente julga erroneamente estar sob a proteção da excludente (arts. 20, § 1º, primeira parte, e 21, *caput*).

No caso, porém, é excluída só a culpabilidade, e não a antijuridicidade.

A ANTIJURIDICIDADE 73

ESTADO DE NECESSIDADE
FORMAS DO ESTADO DE NECESSIDADE
estado de necessidade próprio "   "   "   de outrem "   "   "   real (exclui a antijuridicidade) "   "   "   putativo (exclui só a culpabilidade) "   "   "   defensivo (ataca a fonte do perigo) "   "   "   agressivo (ataca coisa diversa da fonte de perigo)
REQUISITOS DO ESTADO DE NECESSIDADE
perigo a direito próprio ou alheio "   atual ou iminente "   não evitável de outro modo "   não causado dolosamente pelo agente intenção de salvar o bem em perigo inexistência de dever legal de enfrentar o perigo bem sacrificado de valoração inferior ou igual ao bem preservado

5. Legítima defesa

Entende-se em legítima defesa quem, usando moderadamente dos meios necessários, repele injusta agressão, atual ou iminente, a direito seu ou de outrem (art. 25 do CP).

Reação a uma agressão humana. A reação deve ser contra ser humano. Contra animais ou coisas caracteriza-se estado de necessidade e não legítima defesa. Contra louco ou menor de 18 anos caracteriza-se a legítima defesa e não o estado de necessidade, pelo menos na opinião da maioria. Assim também contra pessoas acobertadas por alguma outra excludente da culpabilidade, como a coação irresistível.

Agressão injusta, atual ou iminente. A agressão deve ser injusta. Não cabe legítima defesa contra agressões legais, como a prisão dentro dos requisitos da lei. A agressão deve ser atual ou pelo menos iminente, em vias de acontecer. Não cabe legítima defesa contra agressão passada ou agressão futura.

Defesa de direito próprio ou alheio. Todo e qualquer direito é abrangido pela justificativa, não se distinguindo entre bens pessoais ou patrimoniais, pertencentes ao próprio defendente ou a terceiro.

Uso moderado dos meios necessários. A reação deve ser moderada, e os meios realmente necessários. Exemplo clássico de imoderação e de uso de meios não necessários é o de matar a tiros um menor, para impedir

74 RESUMO DE DIREITO PENAL

a subtração de frutos de uma árvore. É claro, como lembra Nélson Hungria, que "não se trata de pesagem em balança de farmácia, mas de uma aferição ajustada às condições de fato do caso vertente" (*Comentários ao Código Penal*, p. 243).

Elemento subjetivo. Predomina o entendimento de que é necessário o *animus defendendi*, a vontade e a consciência de repelir injusta agressão.

Excesso punível. O excesso pode ser punido a título de dolo ou de culpa, se for o caso (art. 23, parágrafo único, do CP).

Legítima defesa putativa. É a que ocorre por engano, supondo o agente erradamente que age em legítima defesa (arts. 20 e 21 do CP).

Ofendículos.[2] São artefatos colocados à vista ou de modo oculto para desencorajar ou repelir agressões, como cacos de vidro no muro, cercas eletrificadas ou armas predispostas para um disparo automático. São lícitos, desde que não coloquem em risco pessoas não agressoras e preencham os requisitos da excludente. Há quem considere os ofendículos como exercício regular de direito e não como legítima defesa, em face da ausência do requisito da agressão atual ou iminente.

Na verdade, os ofendículos são meios de legítima defesa, vez que predispostos a funcionar só no momento da ofensa.[3]

"*Commodus discessus*". É a retirada cômoda, ou a fuga disfarçada. É exigível no estado de necessidade. Mas não é exigível na legítima defesa, onde se pode repelir a violência com a violência.

A distinção existe pelo fato de que ninguém é obrigado a se acovardar no caso de agressão humana (legítima defesa), problema que não se coloca no estado de necessidade.

REQUISITOS DA
LEGÍTIMA DEFESA

- *reação a uma agressão humana*
- *agressão injusta, atual ou iminente*
- *defesa de direito próprio ou alheio*
- *uso moderado dos meios necessários*
- *intenção de defender*

6. Estrito cumprimento de dever legal

Não há crime quando o agente pratica o fato em estrito cumprimento de dever legal, como no caso do oficial de justiça que apreende bens para

2. **Cerca eletrificada** – Regulamentação: L 13.477/2017.
3. Ver *RT* 659/303.

A ANTIJURIDICIDADE 75

a penhora, ou do policial que efetua uma prisão em flagrante (art. 23, III, primeira parte, do CP), ou de policiais que revidam tiros de assaltantes e matam um deles (*RT* 580/447).

7. Exercício regular de direito

Não há crime quando o agente pratica o fato no exercício regular de direito, como na recusa em depor em juízo por parte de quem tem o dever legal de sigilo, na intervenção cirúrgica ou na violência esportiva, desde que respeitadas, respectivamente, as regras da atividade ou profissão.

Segundo a máxima que vigora no assunto, quem usa o seu direito não prejudica ninguém (*qui suo jure utitur neminem laedit*) (art. 23, III, segunda parte, do CP).

No exercício regular de direito estão também os ofendículos, para quem não prefere considerá-los como forma de legítima defesa.

8. Consentimento do ofendido

O Código Penal não trata do consentimento do ofendido. Mas é certo que o consentimento exclui a tipicidade do fato nos casos em que a discordância da vítima é elemento do tipo, como na invasão de domicílio ou no estupro.

Nos casos em que a discordância da vítima não é elemento do tipo, o consentimento pode apresentar-se como justificativa supralegal, desde que se trate de bem jurídico disponível, como no cárcere privado, no dano, na injúria ou na lesão de direito autoral, consentindo a vítima.

9. Excludentes de tipicidade

Na parte especial, o legislador inseriu alguns casos excepcionais de estado de necessidade que excluem a própria tipicidade e não apenas a antijuridicidade: coação para impedir suicídio, e intervenção médica ou cirúrgica, sem o consentimento do paciente, nas hipóteses de eminente perigo de vida (art. 146, § 3º, I e II).

Capítulo IV

A CULPABILIDADE

1. Conceito de culpabilidade – 2. O dolo e a culpa como integrantes da culpabilidade – 3. Imputabilidade – 4. Consciência potencial da ilicitude – 5. Onde fica a consciência da ilicitude? – 6. Localização da consciência da ilicitude. Teoria extremada do dolo. Teoria limitada do dolo. Teoria extremada da culpabilidade. Teoria limitada da culpabilidade – 7. Exigibilidade de conduta diversa – 8. Dirimentes ou causas de exclusão da culpabilidade – 9. Escusas absolutórias – 10. Condições objetivas de punibilidade – 11. Condições de procedibilidade – 12. Menores de 18 anos – 13. Doença mental – 14. A emoção e a paixão – 15. A embriaguez – 16. "Actio libera in causa" – 17. Erro de proibição – 18. Diferença entre erro de tipo e erro de proibição – 19. Erro sobre excludente putativa, ou erro de proibição indireto – 20. Coação irresistível – 21. Obediência hierárquica.

1. Conceito de culpabilidade

Para a existência do crime bastam o fato típico e a antijuridicidade. A imposição da pena, como consequência do crime, é que depende ainda da avaliação da culpabilidade, da questão de dever ou não o agente responder pelo fato.[1]

O conceito de culpabilidade foi se modificando através dos tempos, destacando-se três teorias sobre o assunto: a teoria psicológica, a teoria psicológico-normativa e a teoria normativa pura (ou teoria da culpabilidade).

Pela *teoria psicológica*, a culpabilidade é a relação psíquica do agente com o fato, na forma de dolo ou de culpa, que são as duas espécies da culpabilidade. Pressuposto do dolo e da culpa é a imputabilidade (compreensão e autodeterminação). Alguns autores dessa escola acrescentam também a exigibilidade de outra conduta como parte integrante da culpabilidade.

---

1. Nos crimes contra o meio ambiente, avalia-se a culpabilidade da pessoa jurídica de acordo com a culpabilidade de seus dirigentes (L 9.605/98).

Pela *teoria psicológico-normativa* (Frank, 1907), o dolo e a culpa deixam de ser espécies da culpabilidade e passam a ser elementos da mesma. Com o acréscimo de mais um elemento, a censurabilidade ou reprovabilidade, que consiste num juízo de desvalor da conduta.

A censurabilidade ou reprovabilidade, por sua vez, para a teoria psicológico-normativa, tem como seus elementos a imputabilidade, a consciência potencial da ilicitude e a exigibilidade de conduta diversa, fatores sem os quais a conduta não é considerada reprovável.

A *teoria normativa pura* (ou teoria da culpabilidade) corresponde aos ensinamentos da escola finalista. Dolo e culpa migram da culpabilidade para o tipo, através da conduta. E o conteúdo da culpabilidade, assim esvaziado, passa a ser apenas a censurabilidade, cujos requisitos são a imputabilidade, a consciência potencial da ilicitude e a exigibilidade de conduta diversa.

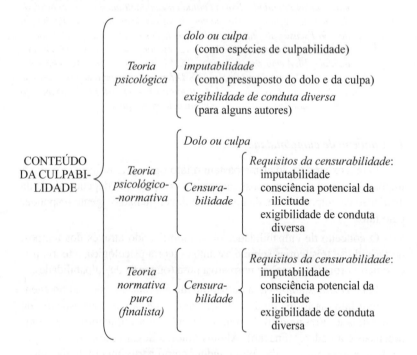

2. O dolo e a culpa como integrantes da culpabilidade

Já examinamos em páginas anteriores a colocação do dolo e da culpa, de acordo com cada escola.

A CULPABILIDADE 79

Não há mal, porém, em voltar ao assunto agora, apesar da redundância.

Como já falava Nietzsche, é bom dizer logo duas vezes a mesma coisa, dando-lhe um pé direito e um pé esquerdo. Pois com uma perna só a verdade fica de pé, mas com duas ela poderá andar e correr por aí.

A *teoria clássica* colocava o dolo e a culpa dentro do conceito da culpabilidade. O dolo e a culpa em sentido estrito constituíam as duas espécies da culpabilidade (ou da culpa em sentido amplo). Acrescentava-se ainda, ao conceito de culpabilidade, a imputabilidade, como pressuposto do dolo e da culpa, e também, segundo alguns autores, a exigibilidade de conduta diversa.

A *teoria finalista da ação* retirou o dolo e a culpa do conceito da culpabilidade, inserindo-os na ação e em consequência no tipo, vez que a ação é o primeiro elemento do tipo. A culpabilidade, esvaziada do dolo e da culpa, passou a ter o sentido de censurabilidade, de reprovabilidade, de desvalor da conduta.

Os fatores sobre os quais se apoia a censurabilidade são a imputabilidade, a consciência potencial da ilicitude e a exigibilidade de conduta diversa.

A *teoria social da ação*, por sua vez, coloca o dolo e a culpa tanto na ação (e no tipo) como na culpabilidade, passando a haver, portanto, o dolo do tipo e o dolo da culpabilidade. O dolo do tipo é indiciário e o dolo da culpabilidade é a medida do desvalor da intenção. O dolo é o mesmo, visto, porém, de momentos ou ângulos diversos.

CONTEÚDO DA CULPABILIDADE		
TEORIA CLÁSSICA	TEORIA FINALISTA	TEORIA SOCIAL DA AÇÃO
DOLO OU CULPA (como espécies da culpabilidade)	*CENSURABILIDADE* *Requisitos da censurabilidade:*	*CENSURABILIDADE* *Requisitos da censurabilidade:*
IMPUTABILIDADE (como pressuposto do dolo e da culpa)	*imputabilidade*	*dolo ou culpa*
EXIGIBILIDADE DE CONDUTA DIVERSA (para alguns autores)	*consciência potencial da ilicitude* *exigibilidade de conduta diversa*	*imputabilidade* *consciência potencial da ilicitude* *exigibilidade de conduta diversa*

80 RESUMO DE DIREITO PENAL

Como se vê pelas colocações acima, a escola clássica adotava a *teoria psicológica*, enquanto que a escola finalista adota a *teoria normativa pura*. A escola social da ação identifica-se até certo ponto com a teoria *psicológico-normativa* de Frank. Mas a dupla função do dolo e da culpa, no tipo e na culpabilidade, pertence apenas à escola social da ação.

3. Imputabilidade

A imputabilidade refere-se à capacidade do agente de se lhe atribuir o fato e de ser penalmente responsabilizado. Se não houver essa atribuibilidade, considera-se que o indivíduo é inimputável. Imputável, portanto, é o autor que, no momento da ação, é capaz de entender o caráter ilícito do fato e de determinar-se de acordo com esse entendimento.

A imputabilidade tem a ver com a menoridade penal (idade inferior a 18 anos), com a doença mental, bem como com a embriaguez, assuntos, esses, que examinaremos mais adiante.[2]

4. Consciência potencial da ilicitude

A consciência da ilicitude ou da antijuridicidade é outro elemento da culpabilidade, na teoria finalista e na teoria social da ação. A teoria tradicional, ao contrário, colocava a consciência da ilicitude como parte integrante do dolo.

A consciência da ilicitude não precisa ser efetiva, bastando que seja potencial, ou seja, deve-se chegar à conclusão de que o agente, com algum esforço ou cuidado, poderia saber que o fato é ilícito.

5. Onde fica a consciência da ilicitude?

A sede da consciência da ilicitude varia conforme a escola.

Para a escola tradicional ficava no dolo. Por isso, a teoria tradicional sobre a consciência da ilicitude tem o nome de *teoria do dolo*. Essa teoria se subdivide em teoria extremada do dolo e teoria limitada do dolo.

---

2. *Responsabilidade penal do índio*. O índio é penalmente imputável, salvo prova de desenvolvimento mental incompleto ou retardado (*RT* 544/390, 694/364, 773/538, 775/489). Na aplicação da pena, o juiz atenderá ao grau de integração do silvícola (art. 56 do Estatuto do Índio, L 6.001/73). **Dupla punição vedada.** Homicídio. Índio já punido pelas comunidades Taxauas e Manoá (banimento por 5 anos, prestação de trabalho para outra comunidade, construção de uma casa para a esposa da vítima) não se sujeita à penalidade imposta pelo do Código Penal (TJRR, AP 0090.10.000302-0, rel. Des. Mauro Campello, j. 15.12.2015).

A CULPABILIDADE

Para o finalismo, porém, a consciência da ilicitude não está no dolo, mas na culpabilidade. Daí falar-se em *teoria da culpabilidade*, extremada ou limitada, como veremos a seguir.

ONDE FICA A CONSCIÊNCIA DA ILICITUDE?

- *Fica no dolo* (teoria do dolo) (tradicional)
  - teoria extremada do dolo
  - teoria limitada do dolo
- *Fica na culpabilidade* (teoria da culpabilidade) (finalista)
  - teoria extremada da culpabilidade
  - teoria limitada da culpabilidade

6. Localização da consciência da ilicitude. Teoria extremada do dolo. Teoria limitada do dolo. Teoria extremada da culpabilidade. Teoria limitada da culpabilidade

A *teoria extremada do dolo* (a mais antiga) colocava o dolo como espécie da culpabilidade (culpabilidade = dolo ou culpa em sentido estrito). A consciência da ilicitude fazia parte do dolo, devendo essa consciência ser efetiva ou atual e não meramente potencial (Binding, Mezger).

A *teoria limitada do dolo* era semelhante à anterior. Com a diferença de que a consciência da ilicitude podia ser potencial, não precisando ser efetiva ou atual. Bastava a mera possibilidade de que o agente pudesse obter a consciência da ilicitude com um esforço ou através de atenção mais cuidadosa (Mezger – 2ª fase).

A *teoria extremada da culpabilidade* corresponde aos ensinamentos da escola finalista. O dolo deixa a culpabilidade e migra para o tipo. A consciência potencial da ilicitude, que antes fazia parte do dolo, destaca-se dele e passa a integrar o juízo de censura da culpabilidade.

A *teoria limitada da culpabilidade* é semelhante à anterior. Com a única diferença de divergir no tratamento do erro sobre uma causa de justificação.

Para a teoria extremada da culpabilidade o erro sobre uma causa de justificação é sempre um erro de proibição.

Para a teoria limitada da culpabilidade, porém, o erro sobre uma causa de justificação tanto pode ser erro de tipo como erro de proibição, dependendo da sede em que se localiza o erro, se num elemento do tipo permissivo[3] ou sobre a existência ou limites da causa de justificação.

---

3. Tipo permissivo é o que exclui a antijuridicidade do fato, como o tipo que define a legítima defesa.

82 RESUMO DE DIREITO PENAL

Esse detalhe será examinado mais adiante, ao tratarmos do *erro sobre excludente putativa*.

LOCALIZAÇÃO DA CONSCIÊNCIA DA ILICITUDE	
TEORIA DO DOLO (tradicional)	TEORIA DA CULPABILIDADE (finalista)
Teoria extremada do dolo O dolo pertence à culpabilidade. A consciência da ilicitude faz parte do dolo e deve ser *efetiva*.	*Teoria extremada da culpabilidade* O dolo pertence ao tipo. A consciência da ilicitude (destacada do dolo) é elemento autônomo da culpabilidade, podendo ser *potencial*. O erro sobre causa de justificação é sempre *erro de proibição*.
Teoria limitada do dolo O dolo pertence à culpabilidade. A consciência da ilicitude faz parte do dolo e pode ser apenas *potencial*.	*Teoria limitada da culpabilidade* O dolo pertence ao tipo. A consciência da ilicitude (destacada do dolo) é elemento autônomo da culpabilidade, podendo ser *potencial*. O erro sobre causa de justificação pode ser *erro de tipo permissivo* (se versar sobre elemento da causa de justificação – art. 20, § 1º, do CP), ou *erro de proibição* (se versar sobre a existência ou limites da causa de justificação – art. 21, segunda parte, do CP).

7. Exigibilidade de conduta diversa

Outro requisito da culpabilidade é a exigibilidade de conduta diversa.

Refere-se ao fato de se saber se, nas circunstâncias, seria exigível que o acusado agisse de forma diversa. Não haverá pena se, nas circunstâncias, foi impossível para o acusado agir de outra forma.

A avaliação deve ser feita em função de um acusado concreto diante das circunstâncias concretas, com base nos padrões sociais vigentes.

Alguns autores entendem que a exigibilidade de conduta diversa não é uma causa geral (ou supralegal) de exclusão da culpabilidade, restringindo-se apenas aos casos expressos em lei, como a coação moral irresistível ou a obediência hierárquica a ordem não manifestamente ilegal.

A CULPABILIDADE

Outros autores, porém, como Damásio e Toledo, admitem a exigibilidade de conduta diversa como causa supralegal de exclusão de culpabilidade, a ser aplicada de forma excepcional, mas de modo independente de previsão legal expressa.

Parece acertada a segunda corrente. Não há sentido em colocar a exigibilidade de outra conduta como requisito da culpabilidade se nunca puder ser aplicada de forma autônoma.

Um acórdão entendeu não caracterizado o porte ilegal de arma (art. 19 da LCP) por ser o acusado pessoa de idade avançada e por residir em local infestado de marginais e malfeitores (*RT* 601/329).

Tecnicamente, não se poderia invocar o estado de necessidade, pois o perigo não era atual ou iminente, mas apenas latente (possível ou provável). E nem a absolvição se embasou nessa justificativa. Diante das circunstâncias, entenderam os julgadores não ser possível exigir que o réu andasse desarmado, aplicando, assim, de modo autônomo, o princípio da inexigibilidade de outra conduta.

Num outro caso, o tribunal entendeu não exigível conduta diversa quando o acusado derivou seu veículo para a "contramão", ao se deparar com um veículo tombado na pista, vindo a colidir com um caminhão (*JTA-CrimSP* 84/270).[4]

8. Dirimentes ou causas de exclusão da culpabilidade

As *dirimentes*, ou causas de exclusão da culpabilidade, excluem a culpabilidade e, em consequência, excluem a pena, sem excluir, porém, a existência do crime.

Por isso, as dirimentes revelam-se geralmente pelas expressões *é isento de pena*, *não é punível* etc.

As dirimentes excluem a culpabilidade pela inimputabilidade, pela impossibilidade de conhecimento do ilícito, pela inexigibilidade de conduta diversa, ou por causas supralegais (para os autores que as admitem), conforme podemos observar com mais detalhes no quadro a seguir.

De natureza diversa, como já vimos, são as *justificativas* ou causas de exclusão de crime, pois estas não excluem somente a pena, mas o próprio crime. Por isso, para designá-las, costuma a lei usar a expressão *não há crime*.

---

4. Assim também no caso de não recolhimento de contribuições previdenciárias descontadas dos empregados, em razão de dificuldade financeira (*RT* 843/701).

RESUMO DE DIREITO PENAL

JUSTIFICATIVAS excluem o crime (*não há crime*)	DIRIMENTES excluem a culpabilidade (*é isento de pena*)
NA PARTE GERAL DO CP estado de necessidade legítima defesa estrito cumprimento de dever legal exercício regular de direito (art. 23 do CP)	*EXCLUSÃO DA* *CULPABILIDADE PELA* *INIMPUTABILIDADE* idade inferior a 18 anos (art. 27) doença mental ou desenvolvimento mental incompleto ou retardado (art. 26) embriaguez fortuita completa (art. 28, § 1º)
NA PARTE ESPECIAL DO CP coação para impedir suicídio (art. 146, § 3º, II) ofensa em juízo na discussão da causa (art. 142, I) aborto para salvar a vida da gestante (art. 128) violação de domicílio quando um crime está sendo ali praticado (art. 150, § 3º, II), etc.	*EXCLUSÃO DA CULPABILIDADE* *PELA IMPOSSIBILIDADE* *DE CONHECIMENTO DO ILÍCITO* erro de proibição (art. 21) erro sobre excludente putativa (art. 20, § 1º) (ou erro de proibição indireto) *EXCLUSÃO DA CULPABILIDADE* *PELA INEXIGIBILIDADE* *DE CONDUTA DIVERSA* coação irresistível (art. 22) obediência hierárquica (art. 22)
JUSTIFICATIVAS SUPRALEGAIS (para os autores que as admitem)	*DIRIMENTES SUPRALEGAIS* (para os autores que as admitem)

9. Escusas absolutórias

Além das justificativas e dirimentes existem ainda uns raros casos, chamados *escusas absolutórias*, encontráveis na Parte Especial do Código Penal.

As escusas absolutórias são causas pessoais que excluem a punibilidade. Revelam-se também pelos dizeres *é isento de pena*, ou *não é punível*, assemelhando-se nisso com as dirimentes.

Só que a escusa absolutória não exclui o crime (o fato continua típico e antijurídico), nem exclui a culpabilidade (o fato continua censurável). Exclui só a pena, objetivamente, por política criminal ou utilidade pública, a critério do legislador.

Exemplos de escusa absolutória: art. 181 do Código Penal (isenção de pena no crime patrimonial contra cônjuge, ascendente ou descendente),

A CULPABILIDADE

art. 348, § 2º, do Código Penal (isenção de pena no favorecimento pessoal a cônjuge, ascendente, descendente ou irmão).

As escusas absolutórias "não beneficiam aos coautores ou partícipes, a que não se refiram" (Fragoso, *A Nova Parte Geral*, p. 226).

10. Condições objetivas de punibilidade

Condições objetivas de punibilidade são fatos exteriores ao crime e que condicionam a imposição da pena.

A sentença declaratória da falência condiciona a punição dos crimes falimentares. No caso, seria melhor dizer que a sentença declaratória da falência é condição objetiva de *ilicitude*, pois a mesma é condição de existência do próprio crime e não apenas da punibilidade.

A punição de crime praticado por brasileiro no exterior depende das condições apontadas no art. 7º, § 2º, do Código Penal (entre elas, ser o fato punível também no país em que foi praticado).

No art. 164 do Código Penal, a punição pelo abandono de animais em propriedade alheia depende do fato de ter resultado prejuízo.

O tema, porém, é altamente controvertido, havendo autores que não veem diferença nenhuma entre condição objetiva de punibilidade e condição de procedibilidade, ou entre condição objetiva de punibilidade e elemento objetivo do tipo.

11. Condições de procedibilidade

São pressupostos que condicionam a propositura da ação penal, como a representação do ofendido ou a requisição do Ministro da Justiça, em certos casos. Pertencem ao campo do Direito Processual.

ESCUSAS ABSOLUTÓRIAS (excluem a pena)	CONDIÇÕES OBJETIVAS DE PUNIBILIDADE (condicionam a pena)	CONDIÇÕES DE PROCEDIBILIDADE (condicionam a ação penal)
fatores pessoais, que excluem a pena, de modo objetivo, por mera política criminal	fato exterior ao crime, de que depende a punibilidade ou a própria ilicitude	pressupostos processuais necessários à propositura da ação penal
(ex.: crime patrimonial contra cônjuge, ascendente ou descendente – art. 181 do CP)	(ex.: sentença declaratória da falência)	(ex.: representação do ofendido)

86 RESUMO DE DIREITO PENAL

12. Menores de 18 anos

Os menores de 18 anos são penalmente inimputáveis (art. 27 do CP – critério biológico), ficando sujeitos apenas às medidas do Estatuto da Criança e do Adolescente (ver tb. art. 228 da CF).[5]

Mesmo casado, ou emancipado, o agente só responde penalmente aos 18 anos. No Código Penal Militar há referência à idade de 17 anos, se houver entendimento do caráter ilícito do fato (art. 50 do CPM). Tal disposição do Código Penal Militar não é mais aplicável, diante da Constituição Federal de 1988 (art. 228).

Considera-se que o indivíduo completa 18 anos de idade no instante em que se inicia o dia do seu aniversário, não importando a hora do nascimento. Isso porque a Lei 810, de 6.9.49, que define o ano civil, considera ano o período de 12 meses contados do dia do início ao dia e mês correspondentes do ano seguinte. Essa é a tese predominante (*RT* 786/727, 788/593).

Há, porém, quem não aceite tal critério, entendendo que os 18 anos completam-se forçosamente em determinada hora, ou, na dúvida, no dia seguinte ao do aniversário (*RT* 558/303).

13. Doença mental

Os doentes mentais, quanto à inimputabilidade total (art. 26) ou inimputabilidade reduzida (art. 26, parágrafo único), recebem tratamento diferenciado, que será visto mais adiante, no capítulo das medidas de segurança.

A imputabilidade, no caso (e, em consequência, a culpabilidade), é excluída ou diminuída.

14. A emoção e a paixão

Não excluem a imputabilidade penal a emoção ou a paixão (art. 28, I, do CP).[6]

5. Art. 228 da CF: "São penalmente inimputáveis os menores de 18 anos, sujeitos às normas da legislação especial".

6. Art. 28 do CP: "Não excluem a imputabilidade penal: I – a emoção ou a paixão; II – a embriaguez, voluntária ou culposa, pelo álcool ou substância de efeitos análogos.

"§ 1º. É isento de pena o agente que, por embriaguez completa, proveniente de caso fortuito ou força maior, era, ao tempo da ação ou da omissão, inteiramente incapaz de entender o caráter ilícito do fato ou de determinar-se de acordo com esse entendimento.

A CULPABILIDADE 87

A emoção seria um estado emotivo agudo, de breve duração, ao passo que a paixão seria um estado emotivo de caráter crônico, de duração mais longa.

Mas a emoção ou a paixão funcionam, em várias passagens, como atenuantes ou causas de diminuição de pena (arts. 65, III, "c"; 121, § 1º; 129, § 4º, do CP).

15. A embriaguez

A embriaguez pode ser voluntária, culposa ou fortuita. A voluntária é buscada intencionalmente. A culposa resulta de imoderação imprudente no uso de bebida alcoólica ou substância de efeito análogo. A embriaguez fortuita ou de força maior resulta de causas alheias à vontade do sujeito, como na hipótese de quem foi drogado à força ou por meio de ardil.

A embriaguez voluntária bem como a embriaguez culposa não excluem a imputabilidade penal (art. 28, II, do CP).

A embriaguez fortuita, porém, se for completa, isenta de pena (art. 28, § 1º, do CP), ou a reduz, de um a dois terços, se for incompleta (art. 28, § 2º, do CP).

Todavia, a jurisprudência, em crimes leves, tem admitido influência exculpante à embriaguez, considerando que a mesma descaracteriza o dolo específico exigido por algumas figuras penais (como nos casos de desacato, resistência, desobediência, ameaça etc.) (*RT* 374/69, 382/291, 427/422, 532/329, 537/300, 550/330, 554/346, 570/385, 811/638; *PJ* 24/285).

Se houver doença mental, provocada pelo álcool ou substância análoga, desloca-se a hipótese para o art. 26 do Código Penal (inimputabilidade).

A embriaguez pode figurar como contravenção (art. 62 da LCP), ou como circunstância agravante (art. 61, II, "l", do CP). Num caso de homicídio, a embriaguez afastou a qualificadora do motivo fútil (*RT* 575/358).

"§ 2º. A pena pode ser reduzida de um a dois terços, se o agente, por embriaguez, proveniente de caso fortuito ou força maior, não possuía, ao tempo da ação ou da omissão, a plena capacidade de entender o caráter ilícito do fato ou de determinar-se de acordo com esse entendimento."

RESUMO DE DIREITO PENAL

$$
\text{EMBRIAGUEZ}
\begin{cases}
\begin{array}{l} \textit{voluntária ou} \\ \textit{culposa} \end{array} & \left\{ \begin{array}{l} \text{não há isenção nem} \\ \text{redução de pena} \end{array} \right. \\[2ex]
\begin{array}{l} \textit{fortuita ou} \\ \textit{de força maior} \end{array} & \left\{ \begin{array}{l} \text{completa} \;\left\{ \text{isenção de pena} \right. \\ \text{incompleta} \;\left\{ \text{redução de pena} \right. \end{array} \right.
\end{cases}
$$

16. "*Actio libera in causa*"

Denomina-se *actio libera in causa* (ação livre na sua causa) a ação de quem usa deliberadamente um meio (como a embriaguez ou o sono) para colocar-se em estado de incapacidade física ou mental, parcial ou plena, no momento da ocorrência do fato criminoso. E também a ação de quem, embora não tendo a intenção de praticar o delito, podia prever que a embriaguez ou o sono o levaria a cometê-lo.

Exemplo de antecedente deliberado: "A mãe, que sabe ter um sono muito agitado, deita seu filho consigo, com a intenção de o sufocar e dessa maneira o mata, quando ela dormia" (Ernst Timm, *apud Teoria da "Actio Libera in Causa" e outras Teses*, de Narcélio de Queirós, p. 49).

Exemplo de antecedente imprudente: o mesmo caso acima, mas sem a intenção de prejudicar o filho. Outro exemplo dessa espécie é dormir o motorista ao volante.

Voluntária ou culposa a embriaguez, ainda que plena, não isenta de responsabilidade, adotando-se, em sua plenitude, a teoria da *actio libera in causa* (Exposições de Motivos – CP de 1940, item 21; Reforma de 1984, item 24).

Observam, porém, os autores que os termos peremptórios do art. 28, II, do Código Penal podem levar à responsabilidade objetiva, à responsabilidade sem culpa.

17. Erro de proibição

Incide em *erro de proibição* (ou erro sobre a ilicitude do fato) o agente que ignora ser o fato contrário ao Direito.

Não se trata do desconhecimento do texto da lei, ou da errada compreensão do mesmo, mas de um "conhecimento profano do Direito", pelo qual cada um pode perceber o que é proibido, independentemente da leitura do texto legal.

A CULPABILIDADE 89

A ignorância ou a má compreensão do texto legal constitui erro de direito, que não exime de pena (art. 21, primeira parte, do CP).

Mas o erro de proibição, ou seja, a falsa convicção de licitude, pode isentar de pena, se o erro for inevitável, ou diminuí-la de um sexto a um terço, se evitável (art. 21, segunda parte, do CP).

Considera-se evitável o erro quando seria possível para o agente, nas circunstâncias, ter ou atingir a consciência da ilicitude do fato (art. 21, parágrafo único, do CP).

Exemplo de erro de proibição é o do turista, oriundo de país em que se admite a poligamia, o qual se casa aqui novamente, embora ainda sendo casado, por ignorar a existência do crime de bigamia.

O agente, no caso, supõe erroneamente que o fato é permitido, como o é no seu país.

Reconheceu-se a existência do erro de proibição, ou erro sobre a ilicitude do fato, num caso de subtração de incapaz (art. 249 do CP), em que a autora era pessoa com apenas 18 anos de idade e com parca instrução, a quem pareceu não estar cometendo ilícito penal ao levar o próprio filho consigo, que estava sob a guarda de outrem (*RT* 630/315; *JTACrimSP* 95/289).

Outro exemplo é o de um crime eleitoral (arts. 347 do Código Eleitoral e 64 da Res. 19.924, de agosto/86, do TSE), em que o autor pintou propaganda de sua candidatura na pista asfáltica de rodovia, tendo sido absolvido com base no erro sobre a ilicitude do fato, por se tratar de conduta comum entre concorrentes a cargos eletivos (*RT* 626/360).

Em sentido amplo, o erro de proibição também abrange o erro de direito, não havendo, porém, isenção de pena para esse tipo de erro (art. 21, primeira parte, do CP), embora possa o fato figurar como atenuante (art. 65, II, do CP).

A doutrina tem entendido que o erro de direito extrapenal, ou seja, o erro sobre norma de Direito Civil, ou sobre norma de qualquer outro ramo do Direito, deve ser tratado, conforme o caso, como erro de proibição (má interpretação da norma complementar) ou erro de tipo (erro sobre elemento do texto extrapenal).

18. Diferença entre erro de tipo e erro de proibição

O erro de tipo difere do erro de proibição.

No erro de tipo o agente se engana sobre o fato; pensa estar fazendo uma coisa, quando na verdade está fazendo outra (por exemplo, o agente subtrai coisa alheia, julgando-a própria).

No erro de proibição o agente não se engana sobre o fato que pratica, mas pensa erroneamente que o mesmo é lícito (por exemplo, subtrair algo de um devedor, a título de cobrança forçada, pensando que tal atitude é lícita).

Como bem explica Wessels, no erro de tipo o atuante "não sabe o que faz", ao passo que no erro de proibição ele "sabe o que faz tipicamente, mas supõe de modo errôneo que isto era permitido" (*Direito Penal*, pp. 99 e 100).

O erro de tipo exclui o dolo. E exclui também o crime, salvo se o fato for punível a título de culpa.

O erro de proibição não exclui o dolo nem o crime, mas pode excluir a culpabilidade, e, em consequência, a pena.

19. Erro sobre excludente putativa, ou erro de proibição indireto

Uma espécie particular de erro é o erro sobre justificativa putativa (ou erro de proibição indireto), quando o agente pensa erroneamente estar agindo sob a proteção de uma excludente da ilicitude, como no caso de estado de necessidade putativo.

Alguém, por exemplo, ao acender um cigarro, grita jocosamente a palavra "fogo". Um sujeito, que estava a certa distância, julgando tratar-se de um incêndio, tenta fugir estabanadamente e atropela pessoas à sua frente, ferindo-as.

O caso tem solução diversa conforme se aplique a teoria extremada da culpabilidade ou a teoria limitada da culpabilidade.

Para a teoria extremada da culpabilidade o erro sobre uma causa de justificação é um erro de proibição.

Para a teoria limitada da culpabilidade o erro sobre uma causa de justificação pode ser um erro de tipo ou um erro de proibição.

Se o erro se refere a um elemento do tipo permissivo, teremos um erro de tipo (art. 20, § 1º) (tipo permissivo é o que define as causas de exclusão da ilicitude, como, por exemplo, o tipo que descreve o estado de necessidade).

Se o erro, porém, versar sobre a existência ou os limites da causa de justificação, teremos um erro de proibição (art. 21 do CP).

Um transeunte vê um homem arrastando uma criança, que grita desesperadamente. Pensando tratar-se de um sequestro, intervém para salvar a criança e passa a agredir o homem. Esclarece-se depois que se tratava de um pai tentando levar o filho rebelde para casa.

A sede desse erro estaria numa situação de fato que, se existisse, tornaria a ação legítima. Erro de tipo (permissivo), portanto (art. 20, § 1º, do CP) (ele não sabe o que faz).

Alguém, logo após ter sido agredido, desfere um tiro no agressor, julgando estar agindo em legítima defesa. Neste caso, a sede do erro estaria na avaliação incorreta dos limites da causa de justificação, a qual não considera legítima a defesa quando a agressão já terminou. Erro de proibição, portanto (art. 21, segunda parte, do CP) (ele sabe o que faz, mas pensa erroneamente que isso é permitido).

A Exposição de Motivos da Reforma de 1984, no item 19, afirma que a teoria adotada pelo Código Penal foi a teoria limitada da culpabilidade.

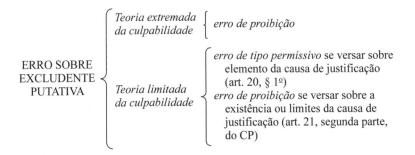

20. Coação irresistível

Se o fato é cometido sob coação irresistível, só é punível o autor da coação (art. 22 do CP). O dispositivo refere-se mais à coação moral (grave ameaça), pois na coação física não há ação por parte do que foi coagido.

Na coação física (*vis absoluta*) o coato "não age, mas é agido" (*non agit, sed agitur*). Na coação moral (*vis compulsiva*) o coato exerce vontade e ação, embora coagido. "Se bem que coagido, ele quis" (*coactus tamen voluit*).

Se for demonstrado que a coação moral era resistível, poderá, nas circunstâncias, ser aplicada a atenuante genérica do art. 65, III, "c", primeira parte, do Código Penal.

21. Obediência hierárquica

Se o fato é cometido em estrita obediência a ordem, não manifestamente ilegal, de superior hierárquico, só é punível o autor da ordem (art. 22 do CP).

A subordinação é a de ordem pública, não abrangendo o setor privado como o familiar, empregatício ou religioso.

Trata-se de um caso especial de erro de proibição, quando o agente julga estar cumprindo ordem legítima. Ou de inexigibilidade de outra conduta, quando o agente não vê como desobedecer a ordem não manifestamente ilegal.

Capítulo V

CONCURSO DE PESSOAS

1. O concurso de pessoas – 2. Diferença entre coautoria e participação – 3. Requisitos do concurso de pessoas – 4. Vínculo subjetivo entre os agentes – 5. Comunicação de circunstâncias – 6. Comunicação de circunstâncias e infanticídio – 7. Concurso de pessoas em crime culposo – 8. Culpas concorrentes – 9. Concurso de pessoas e crime por omissão – 10. Autoria mediata – 11. Autoria colateral – 12. Autoria incerta – 13. Delação ou colaboração premiada.

1. O concurso de pessoas

Há concurso de pessoas quando dois ou mais indivíduos concorrem para a prática de um mesmo crime.[1]

O concurso é geralmente eventual, mas existe também o concurso necessário, em que o crime só se configura com pluralidade de agentes, como no crime de associação criminosa (art. 288).

A *teoria monista* considera que no concurso de pessoas há um só crime; a *teoria pluralista*, que há vários crimes, e a *teoria dualística*, que há um crime em relação aos autores e outro crime em relação aos partícipes.

A Reforma Penal de 1984 adotou a teoria monista, equiparando autores e partícipes: quem, de qualquer modo, concorre para o crime incide nas penas a este cominadas,[2] na medida de sua culpabilidade (art. 29 do CP).

Mas o Código Penal deu um tratamento especial à participação de menor importância, aproximando-se da teoria dualística. Para o Código

---

1. "A responsabilidade das pessoas jurídicas não exclui a das pessoas físicas, autoras, coautoras ou partícipes do mesmo fato (L 9.605/98, art. 3º, § único)."

2. **Absolvição de executor material que não repercute no julgamento do mandante do homicídio.** Plenários em datas diferentes. Falta de fundamentação das decisões dos jurados (art. 483, III, do CPP) que impossibilita saber os motivos da absolvição do executor material e impedem a repercussão da decisão no julgamento do mandante (STJ, HC 295.129, rel. Min. Jorge Musi, j. 23.9.2014).

94 RESUMO DE DIREITO PENAL

Penal, portanto, autores e partícipes são iguais. Salvo no caso de participação de menor importância, em que a pena se reduz de um sexto a um terço.

A forma mais comum de participação é a *cumplicidade*, que consiste numa atividade extratípica acessória, de auxílio ou colaboração com o autor, como no fornecimento de uma viatura, no empréstimo consciente de uma arma para o fim delituoso, ou na vigilância dos arredores.

Outra forma de participação é a *instigação*, que consiste no convencimento de outrem à prática do crime.

A coautoria e a participação podem ocorrer até a consumação do crime. Após a consumação não há mais concurso de agentes, podendo, contudo, existir outro delito autônomo, como o favorecimento real (art. 349 do CP).

A pena é graduada na medida da culpabilidade de cada agente. Se algum dos concorrentes quis participar de crime menos grave, ser-lhe-á aplicada a pena deste; essa pena será aumentada até a metade na hipótese de ter sido previsível o resultado mais grave (art. 29, § 2º, do CP).

A simples ciência de que um crime será cometido, sem aviso à autoridade (salvo no caso de obrigação legal), não constitui crime (*JTACrimSP* 72/231 e *RJTJESP* 92/426).

Excetua-se, por exemplo, o art. 320 do Código Penal, em que existe a obrigação de providências ou de aviso à autoridade competente.[3]

Aprovar a prática de um crime, ou estar de acordo com ele (conivência), mas sem nenhuma participação, também não constitui ilícito penal (*RT* 425/284).

Por outro lado, porém, é crime fazer publicamente apologia de fato criminoso ou de autor de crime (art. 287 do CP).

2. Diferença entre coautoria e participação

O concurso de pessoas pode dar-se por coautoria ou por participação. O coautor é igual a um autor, exercendo papel determinante na prática do crime. O partícipe, ao contrário, exerce função acessória, dependente do autor ou coautor.

Sobre coautores e partícipes há várias teorias.

---

3. Art. 320 do CP (condescendência criminosa): "Deixar o funcionário, por indulgência, de responsabilizar subordinado que cometeu infração no exercício do cargo ou, quando lhe falte competência, não levar o fato ao conhecimento da autoridade competente: Pena – detenção, de 15 dias a 1 mês, ou multa".

CONCURSO DE PESSOAS 95

A *teoria subjetiva-causal* entende que autor é todo aquele que concorre para o resultado (conceito amplo de autor). Nessa teoria, propriamente, todos são autores ou coautores, embora possa haver um tratamento diferenciado para coautores secundários (ou partícipes).

A *teoria formal-objetiva* entende que autor é só aquele que realiza a ação descrita no tipo (conceito restrito de autor). Partícipe seria o que realiza ação acessória, contribuindo com alguma atividade extratípica para o resultado comum.

A *teoria do domínio do fato* (de inspiração finalista, elaborada por Welzel) considera que, em princípio, autor é o que realiza a ação descrita no tipo. Mas também faz parte do conceito de autor o comando do curso dos acontecimentos, ou o domínio finalístico do fato.

Assim, tanto é autor o executor material do fato, como o autor intelectual, que organizou e dirigiu a prática do crime.

E partícipes, para a teoria do domínio do fato, seriam aqueles que realizam ação diversa da descrita no tipo, ou que não tenham o domínio finalístico do fato, embora concorram de algum modo para o resultado.

3. Requisitos do concurso de pessoas

Os requisitos do concurso de pessoas são os seguintes:

1º) pluralidade de agentes (e de condutas);

2º) relevância causal das várias condutas com o resultado;

3º) identidade de crime;

4º) vínculo subjetivo entre os agentes.

4. Vínculo subjetivo entre os agentes

Para a caracterização da coautoria deve existir uma cooperação consciente recíproca, expressa ou tácita, entre os agentes, resultante de acordo prévio ou de um entendimento repentino, surgido durante a execução. A vontade de contribuir para o resultado comum deve ser bilateral.

"Não há coautoria na colaboração unilateral" (Welzel, *Derecho Penal Alemán*, p. 155). "Não basta um consentimento unilateral, devendo todos atuar em cooperação consciente e desejada" (Jescheck, *Tratado de Derecho Penal*, vol. II/941).

Na participação, ao contrário, a cooperação pode ser unilateral, ou seja, pode ser exercida sem que o autor principal consinta ou saiba do auxílio prestado.

RESUMO DE DIREITO PENAL

Exemplo clássico de participação unilateral é o da empregada que deixa aberta de propósito a porta da casa do patrão, para facilitar a ação do ladrão, que sabe estar rondando a área.

Como ensina Heleno Fragoso, "do ponto de vista subjetivo, a participação requer vontade livre e consciente de cooperar na ação delituosa de outrem. Não se exige o prévio concerto, bastando que o partícipe tenha consciência de contribuir para o crime. A consciência da cooperação pode faltar no autor, como no exemplo do criado que deixa aberta a porta para facilitar o ladrão, que desconhece o auxílio. Como se percebe, o conteúdo subjetivo do comportamento do partícipe é diferente do que se exige para o autor e bastaria isso para justificar a distinção que a doutrina realiza" (*Comentários ao Código Penal*, Nélson Hungria/Heleno Fragoso, p. 516).

Jescheck, da mesma forma, esclarece que na participação "o autor sequer necessita conhecer a cooperação prestada (a chamada cumplicidade oculta)" (*Tratado de Derecho Penal*, p. 962).

A maioria dos autores nacionais, porém, tem ensinamento diverso. A opinião predominante não procura estabelecer neste ponto uma fronteira entre coautoria e participação. Tanto num caso como noutro, não há necessidade de acordo, bastando a consciência unilateral do coautor ou do partícipe de contribuir para o fato de outrem.

5. *Comunicação de circunstâncias*

Não se comunicam as circunstâncias e as condições de caráter pessoal, salvo quando elementares do crime (art. 30 do CP).

Circunstâncias ou condições de caráter pessoal são dados subjetivos, como os motivos ou as relações com a vítima, bem como atributos particulares do agente, como o estado civil ou a profissão.

Elementares são os dados que constam do tipo, e cuja ausência desfaz a tipicidade ou muda a capitulação do crime.

É necessário que o coautor ou partícipe tenha conhecimento da elementar, para que esta se comunique.

No peculato, por exemplo, a condição de funcionário público, de um dos participantes, comunica-se aos demais, se cientes desta condição, vez que a mesma é elementar do crime. Assim, embora não sejam funcionários públicos, respondem os participantes pelo crime de peculato. Mas, se ignoravam a condição do parceiro, responderão apenas por furto ou apropriação indébita, conforme o caso.

CONCURSO DE PESSOAS

As circunstâncias objetivas se comunicam, desde que conhecidas pelos participantes.

6. Comunicação de circunstâncias e infanticídio

Há divergência na comunicabilidade das circunstâncias pessoais no crime de infanticídio: matar, sob a influência do estado puerperal, o próprio filho, durante o parto ou logo após (art. 123 do CP).

Uma corrente entende que as circunstâncias da qualidade de mãe e do estado puerperal comunicam-se ao coautor ou partícipe, por serem elementares do crime, respondendo todos, portanto, por infanticídio.

Outro ensinamento entende que a comunicação da circunstância pessoal privilegiadora só ocorre em relação ao partícipe e não ao coautor. Porque o coautor realiza o núcleo do tipo do art. 121 – *matar alguém* –, devendo, portanto, responder por homicídio.

7. Concurso de pessoas em crime culposo

Pode haver coautoria em crime culposo, como no caso de dois médicos imperitos realizando juntos uma operação.

Outro exemplo, clássico, é o de dois operários que juntos lançam uma tábua do alto de um prédio, ferindo um transeunte.[4]

Entende a doutrina que no crime culposo não pode haver partícipe, vez que a colaboração consciente para o resultado só existe no crime doloso. Entretanto, parece que é perfeitamente possível alguém instigar ou induzir outrem à prática de ato imprudente ou negligente (não assim em relação à imperícia).

8. Culpas concorrentes

A culpa concorrente (ou concorrência de causas) ocorre quando não há conjugação consciente de atos culposos, respondendo cada um por sua própria culpa, como na colisão de veículos em que ambos os motoristas agiram com culpa.[5]

4. Outros exemplos de coautoria em crime culposo: entrega de volante de veículo a pessoa inabilitada, embriagada ou incapaz (*RT* 608/328, 610/358, 613/409, 623/312; *PJ* 24/282 e *JTACrimSP* 82/470, 85/464, 87/417, 88/282, 91/347); entrega de arma municiada a menor (*RT* 613/300).

5. A culpa concorrente da vítima não exime de pena, salvo se provada culpa exclusiva dela.

98 RESUMO DE DIREITO PENAL

9. Concurso de pessoas e crime por omissão

Na essência, a coautoria é uma divisão de tarefas para a obtenção de um resultado comum. Assim, não parece possível a caracterização da coautoria em crime omissivo, porque a tarefa de nada fazer não comporta divisão de trabalho, sendo cada omissão completa e autônoma por si.

Na confluência de duas ou mais omissões, cada um responderá, isoladamente, pela sua própria omissão.

A participação, ao contrário, parece possível, especialmente na forma de instigação. Como bem ensina Stratenwerth, "não há dúvida de que se pode instigar a um delito de omissão" (*Derecho Penal*, p. 317).

Todavia, o concurso de pessoas em crime omissivo é tema de pouca frequência na prática e de muita dúvida na doutrina.

Para uns não há coautoria nem participação na omissão (Welzel, Fragoso). Para outros, ambas as formas são possíveis (Jescheck). E para outros, ainda, não há coautoria, mas pode haver participação (Stratenwerth, Bacigalupo).

10. Autoria mediata

Chama-se autoria mediata aquela em que o autor de um crime não o executa pessoalmente, mas através de um terceiro não culpável.

Esse terceiro não culpável, utilizado pelo autor mediato, pode ser um menor inimputável ou alguém sob coação irresistível. Ou alguém que nem saiba estar participando de um crime, como, por exemplo, uma enfermeira que ministra veneno a um paciente, por ordem do médico, pensando tratar-se de medicamento.

Nestes casos, não há concurso de agentes. Só há um agente, o autor mediato.

11. Autoria colateral

Dá-se a autoria colateral quando dois ou mais agentes procuram causar o mesmo resultado ilícito, sem que haja, porém, cooperação entre eles, agindo cada um por conta própria.

A convergência de ações para o resultado comum ocorre por coincidência e não por ajuste prévio ou cooperação consciente.

A e *B*, por exemplo, ambos de tocaia, sem saber um do outro, atiram em *C* para matá-lo, acertam o alvo e a morte da vítima vem a ocorrer.

A decisão vai depender do que a perícia e as demais provas indicarem.

CONCURSO DE PESSOAS 99

Se a morte ocorreu pela soma dos ferimentos causados pelo tiro de *A* e pelo tiro de *B*, ambos responderão por homicídio consumado.

Se a morte ocorreu tão somente pelo tiro de *A*, responderá este por homicídio consumado, e *B* por tentativa de homicídio.

Se, porém, ficar demonstrado que *C* já estava morto pelo tiro de *A*, quando o tiro de *B* o atingiu, responderá somente *A* por homicídio consumado, militando a ocorrência de crime impossível em relação a *B*.

Finalmente, se pela prova dos autos não for possível estabelecer qual dos tiros causou a morte, estaremos diante de um caso de *autoria incerta*, que examinaremos no item seguinte.

12. Autoria incerta

Dá-se a autoria incerta quando há dois ou mais agentes, não se sabendo qual deles, com a sua ação, causou o resultado.

Nesta matéria pode haver dois tipos de incerteza: quando há ajuste ou cooperação consciente entre os participantes e quando não há ajuste ou cooperação entre os participantes.

Existindo ajuste entre os autores do crime, todos combinados e resolvidos a praticar o fato, não há propriamente autoria incerta, mesmo não se sabendo qual deles desferiu o golpe, pois todos serão autores ou partícipes. Quem, de qualquer modo, concorre para o crime incide nas penas a este cominadas (art. 29 do CP).

Ainda que não haja ajuste prévio, a solução é a mesma, pois a co-autoria ou a participação ocorre não só no ajuste prévio, mas também na adesão ou cooperação consciente, independentemente de acordo anterior.

Na hipótese, portanto, de ajuste ou cooperação consciente, não se deve falar, no rigor da técnica, de autoria incerta, vez que todos, com certeza, são autores ou partícipes.

Por outro lado, quando não existir nenhum ajuste ou cooperação entre os criminosos, agindo cada um por sua conta (autoria colateral), é que poderá ocorrer a chamada autoria incerta, ou seja, aquela em que não se sabe qual dos agentes causou o resultado.

Por isso é que já se decidiu que "tão só nos casos de coautoria colateral é que se pode admitir a autoria incerta" (*RT* 521/343).

Neste caso (de autoria colateral e incerta), se não se puder atribuir com certeza a morte de *C* ao tiro de *A* ou ao tiro de *B*, não se poderá condenar ne-

100 RESUMO DE DIREITO PENAL

nhum dos dois por homicídio consumado, respondendo ambos, porém, por tentativa de homicídio, conforme a prova existente em relação a cada um.

Em resumo, *autoria colateral* é a de agentes não ligados entre si, que agem, porém, de modo paralelo, objetivando o mesmo fim, sem saber um do outro.

A *autoria incerta*, no sentido técnico, é só a autoria incerta colateral, ou seja, quando não se apura qual dos agentes independentes causou o resultado.

Se houve ajuste ou cooperação consciente entre os agentes, não se deve falar em autoria incerta, pois todos serão coautores ou partícipes.

13. Delação ou colaboração premiada

A delação ou colaboração[6] premiada é uma figura jurídica criada para facilitar a investigação criminal, incentivando a cooperação do autor, coautor ou partícipe do crime, mediante a concessão de benefícios, desde que preenchidos dois requisitos. (1) *Requisito subjetivo*. A cooperação deve ser voluntária. O agente precisa fornecer as informações conscientemente, de forma livre, sem coação. (2) *Requisito objetivo*. A cooperação deve também ser eficiente, isto é, ela deve produzir os resultados descritos nas leis específicas (liberação do sequestrado, identificação dos outros coautores ou partícipes, localização da vítima, recuperação do produto do crime etc.).

São aplicadas em benefício do delator ou colaborador, na prisão ou fora dela, medidas especiais de segurança e proteção à sua integridade física.

Quatro são as modalidades legais de delação ou colaboração premiada.

13.1 Delação premiada na extorsão mediante sequestro. O coautor ou partícipe que denunciar o crime à autoridade, facilitando a libertação do sequestrado (único requisito objetivo), terá a pena reduzida de um a dois terços (art. 159, § 4º, do CP).

13.2 Delação premiada na associação criminosa para a prática de crime hediondo, prática de tortura, tráfico ilícito de entorpecentes e drogas afins ou terrorismo. O participante ou o associado que denunciar à autori-

---

6. É tradicional da doutrina a expressão "delação premiada", enquanto que a legislação parece preferir "colaboração".

CONCURSO DE PESSOAS

dade a associação criminosa (art. 288 do CP), possibilitando seu desmantelamento (único requisito objetivo), terá a pena reduzida de um a dois terços (art. 8º, parágrafo único, da L 8.072/1990). É preciso destacar que, no caso de *tráfico ilícito de entorpecentes e drogas afins*, há regulamentação sobreposta de leis, pois o art. 41 da L 11.343/2006 possibilita a mesma redução de penas se o acusado apenas colaborar voluntariamente na identificação dos coautores ou partícipes ou na recuperação do produto do crime.

13.3 Colaboração premiada em organização criminosa.[7] Além do requisito subjetivo (voluntariedade) é preciso que advenha pelo menos um dos seguintes resultados: (1) identificação dos demais coautores e partícipes da organização criminosa e das infrações penais por eles praticadas; (2) revelação da estrutura hierárquica e da divisão de tarefas da organização criminosa; (3) prevenção de infrações penais decorrentes das atividades da organização criminosa; (4) recuperação total ou parcial do produto ou do proveito das infrações penais praticadas pela organização criminosa; (5) localização de eventual vítima com a sua integridade física preservada. Poderá ser concedido perdão judicial, redução de até 2/3 da pena privativa de liberdade ou sua substituição por pena restritiva de direitos, levando-se em consideração a relevância da colaboração prestada, a personalidade do colaborador, a natureza, as circunstâncias, a gravidade e a repercussão social do fato criminoso e a eficácia da colaboração. Além disso, o Ministério Público poderá deixar de oferecer denúncia se o colaborador não for o líder da organização criminosa e se for o primeiro a prestar efetiva colaboração.

Na organização criminosa, a *colaboração posterior* à sentença poderá produzir redução de até metade da pena ou a progressão de regime prisional, mesmo antes do cumprimento da fração de pena correspondente.

A colaboração e o respectivo benefício deverão constar de acordo de colaboração, firmado entre o delegado de polícia ou o Ministério Público e o colaborador, com posterior homologação judicial. O juiz poderá recusar homologação à proposta que não atender aos requisitos legais, ou adequá-la ao caso concreto. As provas autoincriminatórias produzidas pelo colaborador não poderão ser utilizadas exclusivamente em seu desfavor. Nos depoimentos, o colaborador renuncia ao direito ao silêncio e está sujeito ao compromisso legal de dizer a verdade. O colaborador tem direito a vá-

---

7. Organização criminosa é a associação de quatro ou mais pessoas estruturalmente ordenada e caracterizada pela divisão de tarefas, ainda que informalmente, com objetivo de obter, direta ou indiretamente, vantagem de qualquer natureza, mediante a prática de infrações penais cujas penas máximas sejam superiores a 4 anos, ou que sejam de caráter transnacional (cf. art. 1º, § 1º, da L 12.850/2013).

102 RESUMO DE DIREITO PENAL

rias medidas de proteção específicas,[8] além das genéricas previstas na L 9.807/1999.[9]

13.4 Colaboração premiada genérica. Fora dos casos de organização criminosa, o art. 13 da L 9.807/1999 prevê também benefícios para o *acusado primário* que tenha prestado voluntariamente colaboração eficaz, desde que dessa colaboração resulte: (1) a identificação dos demais coautores ou partícipes da ação criminosa; (2) a localização da vítima com a sua integridade física preservada; (3) a recuperação total ou parcial do produto do crime. Embora a questão não seja pacífica, a melhor leitura indica que os três resultados não precisam ocorrer concomitantemente (identificação, localização e recuperação), bastando um deles para o acusado fazer jus aos benefícios.[10] Caracterizada a colaboração, o indiciado será agraciado com perdão judicial ou com a redução da pena de 1/3 a 2/3, conforme sejam a personalidade do colaborador, a natureza, circunstâncias, gravidade e repercussão social do fato criminoso.

8. São elas: (a) ter nome, qualificação, imagem e demais informações pessoais preservados; (b) ser conduzido, em juízo, separadamente dos demais coautores e partícipes; (c) participar das audiências sem contato visual com os outros acusados; (d) não ter sua identidade revelada pelos meios de comunicação, nem ser fotografado ou filmado, sem sua prévia autorização por escrito; (e) cumprir pena em estabelecimento penal diverso dos demais corréus ou condenados (art. 5º da L 12.850/2013).

9. A L 9.807/1999 cuida de *programas especiais de proteção a vítimas e testemunhas*: "Art. 7º. Os programas compreendem, dentre outras, as seguintes medidas, aplicáveis isolada ou cumulativamente em benefício da pessoa protegida, segundo a gravidade e as circunstâncias de cada caso: I – segurança na residência, incluindo o controle de telecomunicações; II – escolta e segurança nos deslocamentos da residência, inclusive para fins de trabalho ou para a prestação de depoimentos; III – transferência de residência ou acomodação provisória em local compatível com a proteção; IV – preservação da identidade, imagem e dados pessoais; V – ajuda financeira mensal para prover as despesas necessárias à subsistência individual ou familiar, no caso de a pessoa protegida estar impossibilitada de desenvolver trabalho regular ou de inexistência de qualquer fonte de renda; VI – suspensão temporária das atividades funcionais, sem prejuízo dos respectivos vencimentos ou vantagens, quando servidor público ou militar; VII – apoio e assistência social, médica e psicológica; VIII – sigilo em relação aos atos praticados em virtude da proteção concedida; IX – apoio do órgão executor do programa para o cumprimento de obrigações civis e administrativas que exijam o comparecimento pessoal. Parágrafo único. A ajuda financeira mensal terá um teto fixado pelo conselho deliberativo no início de cada exercício financeiro".

10. Assim, Nucci, *Lei Penais e Processuais Penais Comentadas*, 4ª ed., São Paulo, Ed. RT, 2009, p. 1.064.

Capítulo VI

DAS PENAS

1. Fins da pena – 2. Espécies de penas – 3. Penas privativas de liberdade – 4. Estabelecimentos penais – 5. Prisão domiciliar – 6. Progressão e regressão – 7. Conversão – 8. Trabalho do preso – 9. Remição – 10. Detração – 11. Penas restritivas de direitos – 12. Pena de multa – 13. Cálculo da multa – 14. Fixação da pena – 15. Substituição da pena – 16. Regimes de cumprimento da pena: 16.1 Reincidência – 16.2 Reclusão, sem reincidência – 16.3 Detenção por crime doloso, sem reincidência – 16.4 Detenção por crime culposo, sem reincidência – 16.5 Regime disciplinar diferenciado – 17. Concurso de crimes: 17.1 Concurso material – 17.2 Concurso formal – 17.3 Crime continuado – 18. Suspensão condicional da pena ("sursis") – 19. Suspensão condicional do processo – 20. Livramento condicional.

1. Fins da pena

A pena tem um aspecto de retribuição ou de castigo pelo mal praticado: *punitur guia peccatum*. E também um aspecto de prevenção.

A *prevenção geral* dirige-se a todos, como um exemplo a ser observado. Fala-se em *prevenção geral positiva* para indicar a sensação de confirmação do Direito e da legalidade perante a sociedade. Diz-se *prevenção geral negativa* para designar o efeito ameaçador que a pena tem sobre todo o corpo social.

A *prevenção especial* dirige-se ao infrator, procurando dissuadi-lo da prática de novas infrações. A *prevenção especial positiva* diz respeito à ressocialização ou emenda do criminoso. A *prevenção especial negativa* refere-se ao efeito desestimulante que a pena tem sobre quem a ela é submetido.

FINS DA PENA
- retribuição
- prevenção
  - 1. Geral (positiva e negativa)
  - 2. Especial (positiva e negativa)

2. Espécies de penas

As penas são privativas de liberdade, restritivas de direitos e multa. Todas são penas principais, estando abolida a categoria das penas acessórias. Nos termos da Constituição Federal, não haverá penas de morte (salvo em caso de guerra declarada), de caráter perpétuo, de trabalhos forçados, de banimento ou cruéis (art. 5º, XLVII, da CF).

Sendo o agente pessoa jurídica, são penas a multa, a restrição de direitos, a prestação de serviços à comunidade ou a liquidação forçada (L 9.605/98).

3. Penas privativas de liberdade

As penas privativas de liberdade são a reclusão e a detenção. A reclusão destina-se a crimes dolosos. A detenção, tanto a dolosos como culposos.

Não existe hoje diferença essencial entre reclusão e detenção. A lei usa esses termos mais como índices ou critérios, para a determinação dos regimes de cumprimento de pena.

A reclusão é cumprida em regime fechado, semiaberto ou aberto. A detenção é cumprida só nos regimes semiaberto ou aberto (salvo posterior transferência para regime fechado, por incidente da execução).

4. Estabelecimentos penais

A penitenciária destina-se ao cumprimento da reclusão em regime fechado (art. 87 da LEP).

A colônia agrícola, industrial ou similar destina-se ao cumprimento da reclusão ou detenção em regime semiaberto (art. 91 da LEP).

A casa do albergado destina-se ao cumprimento da reclusão ou detenção em regime aberto (art. 93 da LEP).

A cadeia pública destina-se apenas ao recolhimento de presos provisórios (art. 102 da LEP).

"A falta de estabelecimento penal adequado não autoriza a manutenção do condenado em regime prisional mais gravoso, devendo-se observar, nessa hipótese, os parâmetros fixados no RE 641.320-RS" (Súmula Vinculante 56).

5. Prisão domiciliar

A reclusão ou detenção em regime aberto devem ser cumpridas em casa do albergado. O recolhimento em residência particular só cabe no

DAS PENAS   105

caso de pessoas maiores de 70 anos ou acometidas de doença grave. Cabe também no caso de mulher gestante ou com filho menor ou deficiente físico ou mental (art. 117 da LEP).

Na inexistência, porém, de casa do albergado, há julgados que admitem o cumprimento do regime aberto em prisão albergue domiciliar (em São Paulo faz-se também referência à L estadual 1.819/78, que permitia o benefício).[1]

6. Progressão e regressão

A pena privativa de liberdade está sujeita a progressões e regressões, durante a sua execução.

A progressão se dá com a transferência para regime menos rigoroso, após o cumprimento de ao menos um sexto da pena[2] no regime anterior (requisito objetivo) e se o preso apresentar bom comportamento carcerário (requisito subjetivo), nos termos do art. 112 da LEP. A comprovação do bom comportamento se faz por atestado do diretor do estabelecimento prisional.

Excepcionalmente, diante das peculiaridades da causa, poderá também o juiz determinar a realização do *exame criminológico*, com a análise técnica sobre a recuperação do preso e sua adaptação à sociedade.[3]

Na regressão o condenado é transferido para regime mais rigoroso quando "praticar fato definido como crime doloso ou falta grave" ou "sofrer condenação, por crime anterior, cuja pena, somada ao restante da pena em execução, torne incabível o regime" (art. 118 da LEP). Constitui falta grave, por exemplo, a conduta de participar de movimento para subverter a ordem ou possuir instrumento capaz de ofender a integridade física de outrem. A relação das faltas graves está nos arts. 50 e 51 da LEP.

7. Conversão

A conversão é um incidente da execução.

1. **Ausência de vagas** que autoriza inserção provisória em regime mais benéfico. "A falta de vaga em estabelecimento prisional condizente com o regime aberto fixado na sentença (CP, art. 33, § 1º, "c") autoriza recolhimento excepcional em prisão domiciliar" (STF, 1ª T., HC 113.334, rel. Min. Dias Toffoli, j. 18.2.2014). V. tb. Súmula Vinculante 56.

2. **Falta grave.** "A prática de falta grave interrompe a contagem do prazo para a progressão de regime de cumprimento de pena, o qual se reinicia a partir do cometimento dessa infração" (Súmula 534 do STJ).

3. Súmula 439 do STJ: "Admite-se o exame criminológico pelas peculiaridades do caso, desde que em decisão motivada".

106 RESUMO DE DIREITO PENAL

A pena restritiva de direitos pode ser convertida em privativa de liberdade, nos casos do art. 44, § 4º, do Código Penal, quando ocorrer o descumprimento injustificado da restrição imposta.

Na conversão da pena de limitação de fim de semana em pena privativa de liberdade contam-se as semanas e os meses em que o condenado ficou privado dos seus fins de semana, e não apenas os sábados e domingos isoladamente. Para se limitar o fim da semana há de se ter uma semana inteira, e não apenas um sábado ou um domingo.

Na conversão, do tempo da pena privativa de liberdade será diminuído o tempo já cumprido da pena restritiva de direitos. Mas, deverá sobrar o saldo mínimo de 30 dias de reclusão ou detenção.

Mesmo que sobrevenha condenação por pena privativa de liberdade, poderá o juiz não converter a pena restritiva, se for possível ao condenado cumprir a pena substitutiva anterior.

A pena de multa não pode ser convertida. No caso de descumprimento, resta apenas a execução civil, nos moldes do processo executivo fiscal (art. 51 do CP).

8. Trabalho do preso

O condenado à pena privativa de liberdade está obrigado ao trabalho na medida de suas aptidões e capacidade (art. 31 da LEP), sendo também um direito do preso a atribuição de trabalho e sua remuneração (art. 41, II, da LEP).

O trabalho do preso será sempre remunerado, sendo-lhe garantidos os benefícios da Previdência Social (art. 39 do CP), porém não está sujeito ao regime da CLT (art. 28, § 2º, da LEP).

9. Remição

O condenado, cumprindo pena em regime fechado ou semiaberto, pode remir ou resgatar, pelo trabalho[4] ou pelo estudo[5] (no ensino funda-

4. **Jornada diária mínima**. São desconsiderados para efeito de remição da pena os dias cuja jornada de trabalho é inferior a 6 horas. Inteligência do art. 33 da LEP (TJMG, 3ª Câm. Crim., Ag em ExPen 1.0035.12.004138-5/001, rel. Des. Paulo Cézar Dias, j. 10.6.2014).

5. **Leitura de livros**. Mesmo sem previsão expressa da LEP, é possível proceder à interpretação extensiva em prol do preso e da sociedade, uma vez que o aprimoramento dele contribui decisivamente para os destinos da execução. Caso em que a leitura do livro "A Cabana" resultou em remição de 4 dias de pena (STJ, 6ª T., HC 312.486-SP, 2014/0339078, rel. Min. Sebastião Reis Júnior, j. 9.6.2015). **Coral, participação**. Interpretação análoga *in bonam partem* (STJ, REsp 1.666.637).

DAS PENAS 107

mental, médio, profissionalizante ou superior), parte do tempo de execução da pena (art. 126 da LEP). A contagem do tempo, para esse fim, é feita à razão de um dia de pena por três de trabalho ou de um dia de pena a cada doze horas de frequência escolar, divididas, no mínimo, em três dias. As atividades de estudo poderão ser desenvolvidas de forma presencial ou à distância. Os prazos de trabalho e de estudo podem ser cumulados para efeito de remição, devendo as horas de trabalho e de estudo serem definidas de forma a se compatibilizarem. Acaso o preso fique impossibilitado, por acidente, de prosseguir no trabalho ou nos estudos continuará a beneficiar-se com a remição. O tempo será acrescido de um terço, no caso de conclusão do ensino fundamental, médio ou superior durante o cumprimento da pena.

Mesmo os condenados que cumprem pena em regime aberto e os que usufruem de liberdade condicional poderão remir pelo estudo, nos mesmos moldes, descontando parte do tempo de execução da pena ou do período de prova.

O tempo de trabalho ou estudo do preso provisório é também computado para efeito de eventual remição.

Entretanto, o condenado que for punido por falta grave (casos enumerados nos arts. 50 a 51 da LEP) terá revogado até 1/3 do tempo remido, começando o novo período a partir da data da infração disciplinar (art. 127 da LEP).

10. Detração

O Código Penal dá o nome de *detração* ao desconto, efetuado na contagem do cumprimento de pena privativa de liberdade ou de medida de segurança, do tempo anterior de prisão provisória[6] (prisão processual), no Brasil ou no Estrangeiro, de prisão administrativa ou de internação em hospital de custódia e tratamento psiquiátrico ou estabelecimento similar (art. 42 do CP).

Como ensina Damásio E. de Jesus, "detrair" significa "abater o crédito de" (*Direito Penal*, p. 461). Ou seja, o tempo de prisão provisória pode ser usado depois para completar o cálculo de liquidação da pena privativa de liberdade.

Prisão provisória referente ao mesmo processo ou a processo distinto. Nos termos do art. 111 da Lei de Execução Penal, a prisão provisória

Trabalho externo. "É possível a remição de parte do tempo de execução da pena quando o condenado, em regime fechado ou semiaberto, desempenha atividade laborativa, ainda que extramuros" (Súmula 562 do STJ).

6. São provisórias a prisão em flagrante, a prisão preventiva e a prisão temporária.

108 RESUMO DE DIREITO PENAL

anterior pode referir-se ao mesmo processo ou a processo distinto, no caso de unificação de penas, para fins de detração.

A jurisprudência, porém, está dividida. Admitem a detração por prisão provisória referente ao mesmo processo ou a processo distinto: *RT* 619/279 e 622/304 e *JTACrimSP* 92/191 e 97/433. Contra, por admiti-la só quando referente ao mesmo processo: *RT* 609/310 e 625/339, *RJTJESP* 96/516 e 101/481 e *JTACrimSP* 82/173 e 83/178.

Como bem observa Júlio Fabbrini Mirabete, "a orientação mais liberal é a mais aceitável já que, não sendo indenizável ao condenado o tempo em que esteve recolhido à prisão provisoriamente (salvo os casos de má-fé ou de abuso de poder), é de boa política criminal que seja computado em seu favor o tempo de prisão que, afinal, não deveria ter cumprido" (*Manual de Direito Penal*, vol. I/226).

A detração nas penas restritivas de direitos. Por analogia, as penas restritivas de direitos (prestação de serviços à comunidade, limitação de fim de semana e interdição temporária de direitos) devem sujeitar-se também à detração, vez que substitutivas das penas privativas de liberdade.[7]

Pelo mesmo motivo, deve ocorrer detração nas penas de prestação pecuniária e perda de bens e valores. Não há ainda base legal ou doutrinária para o cálculo desse desconto, mas nada impede que se tome por base a pena privativa de liberdade substituída, transferindo-se proporcionalmente a detração para a pena substitutiva.

Detração para efeitos prescricionais. Nos termos do art. 113 do Código Penal, no caso de evadir-se o condenado, a prescrição é regulada pelo tempo que resta da pena.

Como a prisão provisória é computada para efeito de cumprimento de pena, a prescrição nesse caso também deve ser regulada pelo tempo que resta da pena, depois de efetuada a detração ou subtração, pois as situações são idênticas.

Aliás, a posição daquele que pede a detração é até mais favorável do que a daquele que foge. Como proteger o que teve êxito na fuga, negando o mesmo benefício ao preso provisório que não quis ou não conseguiu subtrair-se à ação da Justiça?[8]

---

7. Nesse sentido: *PJ* 28/266; Celso Delmanto, *Código Penal Comentado*, p. 68; Júlio Fabbrini Mirabete, *Manual de Direito Penal*, vol. I/265. Os autores citados abordam, porém, apenas a prestação de serviços à comunidade e a limitação de fim de semana, não referindo, nesse passo, a interdição temporária de direitos.

8. Celso Delmanto ensina que "há duas correntes: a) não se desconta (STF, RHC 53.642, *RTJ* 76/711; RHC 50.877, *RTJ* 65/348; TJSP, HC 131.528, *RT* 498/273); b)

DAS PENAS

Há, também, forte corrente jurisprudencial no sentido de que não é possível a detração de período de prisão provisória a que sobreveio absolvição referente a outro crime, cometido posteriormente (TJSP, 4ª Câm. Crim., Ag 196500-3-SP, Rel. Bittencourt Rodrigues, 13.2.96; *RT* 625/339 e *JTACrimSP* 6/32).

Já na sentença, o juiz deve computar o tempo de prisão provisória, prisão administrativa[9] ou internação provisória para fins de determinação do regime inicial de pena privativa de liberdade (art. 387, § 2º, do CPP).

11. Penas restritivas de direitos

As penas restritivas de direitos são:

a) *Prestação pecuniária*, consistente no pagamento em dinheiro à vítima, seus dependentes ou a entidade pública ou privada com destinação social. O valor é fixado pelo juiz, sendo de, no mínimo, um salário-mínimo e, no máximo, 360 daqueles salários. A importância paga será descontada da condenação eventualmente alcançada na ação de reparação civil, se forem os mesmos beneficiários (art. 45, § 1º, do CP). Não existe norma regulamentando a execução, mas, por analogia, poderá ser empregado o procedimento para a cobrança da multa penal (executivo fiscal). Havendo concordância do beneficiário, a prestação pecuniária poderá consistir em prestação de outra natureza (art. 45, § 2º, do CP);

b) *Perda de bens e valores* pertencentes ao condenado em favor do Fundo Penitenciário. O valor terá como teto o montante do prejuízo causado ou o provento obtido pelo agente ou terceiro com a prática do crime, o que for maior (art. 45, § 3º, do CP);

desconta-se (TACrimSP, RC 104.459, *RT* 484/324; HC 45.462, *RT* 456/398). A primeira orientação (a) era predominante, pelo menos até antes da Reforma de 84" (*Código Penal Comentado*, p. 185). Não se desconta: *JTACrimSP* 95/391.

9. Prisão administrativa é aquela decretada diretamente pela autoridade administrativa, independentemente da existência de flagrante delito ou de ordem escrita e fundamentada da autoridade judiciária competente, como exige, de maneira geral, a CF. Atualmente, as únicas modalidades existentes no ordenamento jurídico são: (a) a *prisão administrativa militar*, nos casos de transgressão disciplinar ou de crime propriamente militar, assim definido em lei (art. 5º, LXI, última parte, da CF); e (b) prisão de estrangeiro ordenada pelo Ministro da Justiça, nos procedimentos de deportação e expulsão (arts. 61 e 69 da L. 6.815/1980).

A Prisão civil do devedor de alimentos (art. 528, § 3º, do CPC) não é considerada prisão administrativa e o seu tempo não pode ser descontado da pena criminal para efeito de detração, ainda que referente aos mesmos fatos (não pagamento dos alimentos e crime de abandono material, art. 244 do CP).

110   RESUMO DE DIREITO PENAL

c) *Prestação de serviços à comunidade ou a entidades públicas.* Consiste na atribuição de tarefas gratuitas ao condenado, conforme suas aptidões. Somente terá cabimento quando a pena substituída for superior a seis meses. O cumprimento será à razão de uma hora de tarefa por dia de condenação. A fixação do período deve ser realizada de modo a não prejudicar a jornada normal de trabalho. Se a pena substituída for superior a um ano, o condenado poderá, querendo, prestar mais horas por dia, cumprindo a pena em tempo menor, até o limite de metade do tempo inicialmente estipulado;

d) *Interdição temporária de direitos,* como a proibição do exercício de cargo, função ou atividade pública, bem como de mandato eletivo; a proibição do exercício de profissão, atividade ou ofício que dependam de habilitação especial, de licença ou autorização do poder público; a suspensão de autorização ou de habilitação para dirigir veículo; a proibição de frequentar determinados lugares, e a proibição de inscrever-se em concurso, avaliação ou exame públicos;

e) *Limitação de fim de semana,* onde há obrigação de o condenado permanecer, aos sábados e domingos, por 5 horas diárias, em casa de albergado ou outro estabelecimento adequado (art. 48 do CP).

A rigor, a limitação de fim de semana deveria ser classificada como pena privativa de liberdade, e não como restritiva de direitos, pois atinge a liberdade do indivíduo em períodos determinados, da mesma forma como a reclusão e a detenção em regime aberto.

As penas restritivas de direitos são *substitutivas,* ou seja, não se aplicam por si, de imediato, mas apenas em substituição às penas privativas de liberdade, nos casos enumerados em lei, como veremos adiante.[10]

12. Pena de multa

A multa penal pode ser cominada como pena única, como pena cumulativa (*e* multa), como pena alternativa (*ou* multa), e também em caráter substitutivo.

10. Tratando-se de pessoa jurídica, as penas restritivas de direitos são a suspensão parcial ou total de atividades, a interdição temporária de estabelecimento, obra ou atividade e a proibição de contratar com o Poder Público, bem como dele obter subsídios, subvenções ou doação (L 9.605/98, art. 22).

A prestação de serviços, no caso das pessoas jurídicas, é uma pena autônoma, podendo consistir em custeio de programas e de projetos ambientais, execução de obras de recuperação de áreas degradadas, manutenção de espaços públicos ou contribuição a entidades ambientais ou culturais públicas (L 9.605/98, art. 23).

DAS PENAS

Na condenação igual ou inferior a um ano, a pena privativa de liberdade poderá ser substituída por uma multa ou por uma pena restritiva de direitos. Se superior a um ano, a pena privativa de liberdade poderá ser substituída por uma multa mais uma pena restritiva ou por duas penas restritivas de direito (art. 44, § 2º, do CP). Está, portanto, revogada tacitamente a norma do art. 60, § 2º, do CP, que limitava a seis meses a pena passível de substituição por multa.

O valor da multa aplicada na sentença deve ser atualizado pelos índices oficiais de correção monetária (art. 49, § 2º, do CP), índices, esses, que variam no decorrer do tempo.

Na jurisprudência tem-se decidido que a correção monetária da multa aplicada flui a partir da data do delito, vez que a multa é imposta com base no salário-mínimo vigente ao tempo do fato (*RT* 628/338 e 642/326). Mas já se decidiu também que a fluência se dá a partir do trânsito em julgado da sentença (*RT* 629/348 e 634/304), ou da citação do réu para a execução (*RT* 631/326, 633/303 e 641/352).

A pena de multa não pode mais ser convertida em privativa de liberdade, por ser agora considerada como dívida de valor, com a aplicação das normas da dívida ativa da Fazenda Pública (art. 51 do CP).[11]

13. Cálculo da multa

O cálculo da multa se dá em duas etapas, ou, excepcionalmente, em três.

Num primeiro momento, o juiz deve determinar a quantidade de dias-multa. O mínimo é de 10 e o máximo é de 360 dias-multa (art. 49, *caput*, do CP).

O segundo passo é determinar o valor de cada dia-multa, que, no mínimo, deve ser de 1/30 do salário-mínimo e não pode ser superior a cinco vezes esse salário (art. 49, § 1º, do CP).

11. Quanto à cobrança da multa formaram-se duas correntes: *primeira corrente*: a competência passou para a Fazenda Pública, ficando afastada a participação do Ministério Público, por se tratar de dívida de valor, *RT* 743/653, 744/583, 748/625, 815/561, 872/603; *JTJ* 197/125; *segunda corrente*: a competência continua com o Juízo das Execuções Criminais, com a participação do MP, por manter a multa a sua natureza de sanção penal, *RT* 740/620, 744/600, 745/590, 850/564; *JTJ* 197/316. **Execução da multa em Minas Gerais**. "A pena de multa deve ser executada nos moldes da lei de execução fiscal, mas a titularidade continua sendo do Ministério Público atuante na Vara de Execuções Criminais visto que a multa não perdeu seu caráter de sanção penal" (TJMG, Inc. Uniformização de Jurisprudência 1.0035.10.015392-9/003, rel. Des. Pedro Coelho Vergara, j. 26.5.2014).

112 RESUMO DE DIREITO PENAL

Alguns autores têm sustentado que o valor máximo do dia-multa seria de 1/30 do salário-mínimo, multiplicado por cinco. Essa interpretação não pode prevalecer, pois o texto é claro: nem superior a cinco vezes esse salário (art. 49, § 1º, do CP). Esse salário é, logicamente, o salário-mínimo, pois 1/30 de salário não é salário.

Nesses dois primeiros momentos, deve o juiz atender principalmente à situação econômica do réu (art. 60 do CP). Deve, então, conhecer os rendimentos, os investimentos, o patrimônio, enfim, antes de fixar o *quantum* da multa.

O terceiro momento pode acontecer caso a situação econômica do réu, de tão avantajada, torne a multa ineficaz, embora aplicada no máximo (5 vezes o salário-mínimo, vezes 360 dias-multa). Nesse caso, o juiz pode aumentar o valor da multa em até o triplo (art. 60, § 1º, do CP).

14. Fixação da pena

A pena é fixada em três fases. Fixa-se inicialmente a pena-base, obedecido o disposto no art. 59 do Código Penal (circunstâncias judiciais); consideram-se em seguida as circunstâncias atenuantes e agravantes (circunstâncias legais); incorporam-se no cálculo, finalmente, as causas de diminuição ou aumento de pena (cf. item 51 da Exposição de Motivos do CP).

As *circunstâncias judiciais*, com que o juiz fixa a pena-base, referem-se a uma avaliação sobre a culpabilidade, os antecedentes e os motivos do agente, as consequências do crime e outros dados mencionados no art. 59 do Código Penal.

As *circunstâncias atenuantes e agravantes*, também chamadas circunstâncias legais, são circunstâncias às quais a lei deu particular relevo e que não podem ser deixadas de ser levadas em conta (arts. 61, 62 e 65 do CP).

As *causas de diminuição ou aumento de pena*, também chamadas circunstâncias legais específicas, são circunstâncias previstas na Parte Especial e na Parte Geral do Código Penal, com diminuição ou aumento em quantidade expressamente fixada, como a redução de um terço a um sexto do art. 121, § 1º (motivo de relevante valor social ou moral), ou a duplicação da pena no art. 122, parágrafo único (induzimento a suicídio por motivo egoístico).[12]

---

12. *Diferença entre qualificadora em sentido estrito e causa de aumento de pena.* Na qualificadora em sentido estrito a pena já vem aumentada na lei, com a indicação do

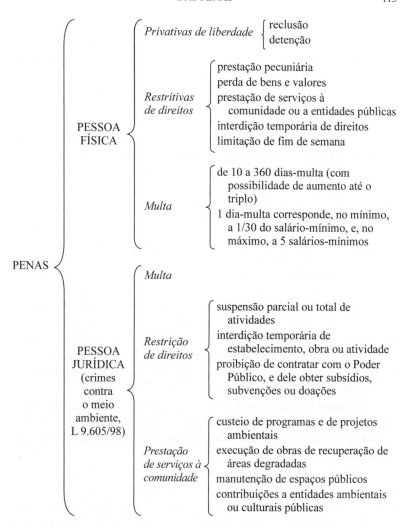

A mesma circunstância não pode ser computada duas vezes (*non bis in idem*) (*RT* 601/368).

mínimo e do máximo, como no art. 121, § 2º, do CP. Na causa de aumento de pena, ao contrário, a lei manda que se proceda à operação aritmética, aumentando a pena encontrada, por exemplo, de um terço, de um sexto até metade, ou dobrando-a, como no art. 122, parágrafo único, I, do CP (induzimento a suicídio por motivo egoístico).

"Qualificadora em sentido amplo" é expressão que abrange a qualificadora em sentido estrito (qualificadora propriamente dita) e a causa de aumento de pena.

114 RESUMO DE DIREITO PENAL

No concurso de agravantes e atenuantes, a pena deve aproximar-se do limite indicado pelas circunstâncias preponderantes, entendendo-se como tais as que resultam dos motivos determinantes do crime, da personalidade do agente e da reincidência (art. 67 do CP).

Como a lei determina que se dê preferência aos motivos determinantes do crime, no caso de concurso entre circunstâncias agravantes e atenuantes, entende-se que deve prevalecer a circunstância subjetiva (relevante valor moral, por exemplo, art. 65, III, "a", do CP), ou, se ambas forem da mesma espécie, as agravantes e atenuantes se anulariam reciprocamente.

Entretanto, como bem observa Júlio Fabbrini Mirabete, citando Everardo da Cunha Luna, "não existe fundamento científico para a preponderância, em abstrato, de determinadas circunstâncias sobre as demais, sejam elas objetivas ou subjetivas, porque o fato criminoso, concretamente examinado, é que deve indicar essa predominância. Melhor seria, portanto, não se estabelecer a preponderância" (*Manual de Direito Penal*, vol. I/310).

No concurso de causas de aumento ou de diminuição previstas na *Parte Especial*, pode o juiz limitar-se a um aumento só ou a uma só diminuição, prevalecendo, todavia, a causa que mais aumente ou diminua (art. 68, parágrafo único, do CP). *A contrario sensu*, o mesmo não ocorre nas causas elencadas na *Parte Geral*, cujo aumento ou diminuição são obrigatórios.

As circunstâncias judiciais (art. 59) e as agravantes e atenuantes (arts. 61, 62 e 65) não podem levar a pena abaixo do mínimo, nem acima do máximo cominado (*JTJ* 179/290; Súmula 231 do STJ).

As causas de aumento ou diminuição de pena, porém, podem trazer a pena final abaixo do mínimo ou acima do máximo cominado.[13] Não havendo agravantes, nem causas de aumento ou diminuição, a pena deve situar-se no nível do mínimo legal.[14]

Além das três fases citadas, para a fixação da pena, deve também ser considerada uma quarta ou quinta tarefa, referente à fixação do regime inicial de cumprimento da pena privativa de liberdade e à verificação obrigatória da possibilidade de substituição da pena encontrada por alguma outra espécie de pena, se cabível, nos termos do art. 59, IV, do Código Penal.

---

13. "As penas não podem ser aplicadas fora dos limites previstos pela lei penal, em razão de circunstâncias atenuantes ou agravantes. Tão só por força de causa de aumento ou diminuição esses limites podem ser ultrapassados, porque, em casos que tais, ocorre o surgimento de uma subespécie delituosa, com um novo mínimo e um novo máximo" (*JTACrimSP* 84/266; *RT* 764/655, 860/723). Contra, entendendo que atenuante genérica pode levar abaixo do mínimo cominado em abstrato: *RT* 702/329.

14. Não se admite que a pena seja fixada acima do mínimo legal sem razões fundamentadas (*RT* 586/431, 595/422, 604/456, 623/376, 641/378 e 778/641; *RJTJESP* 96/442 e *JTACrimSP* 89/477 e 97/253).

DAS PENAS   115

Por fim, num sexto item, não sendo cabível a substituição da pena, deve ser analisada a possibilidade de concessão do *sursis*.

A respeito dos problemas da fixação da pena de multa já tratamos no item anterior.

FIXAÇÃO
DA PENA

- 1º) *pena-base* (art. 59) (circunstâncias judiciais)
- 2º) *atenuantes e agravantes* (arts. 61, 62 e 65) (circunstâncias legais)
- 3º) *causas de diminuição ou aumento de pena* (da Parte Especial ou da Parte Geral do CP)
- + (fixação do regime inicial)
- + (eventual substituição da pena)
- + (eventual concessão de *sursis*)

15. Substituição da pena

Sempre que possível, deverá o juiz, na sentença, procurar substituir a pena privativa de liberdade encontrada por alguma outra pena restritiva de direito, ou pela multa, de acordo com a sistemática oferecida pela lei. Na verdade, a pena privativa de liberdade encontrada deve ser usada, num primeiro passo, apenas como índice para a aplicação da pena substitutiva. Só se não for mesmo possível a substituição é que se manterá a pena privativa de liberdade.

A substituição da pena privativa de liberdade por multa, pena restritiva de direitos ou ambas combinadas exige: a) que o crime seja culposo ou que a pena por crime doloso não seja superior a quatro anos; b) que o crime não tenha sido cometido com violência ou grave ameaça a pessoa; c) que o réu não seja reincidente em crime doloso; e d) que a culpabilidade, os antecedentes, a conduta social e a personalidade do condenado, bem como os motivos e as circunstâncias recomendem a substituição como suficiente (art. 44, I a III, do CP).

Mesmo que o condenado seja reincidente, o juiz poderá aplicar a substituição, desde que seja socialmente recomendável e a reincidência não seja específica (em virtude da prática do mesmo crime).

As penas de prestação de serviços, interdição temporária de direitos e limitação de fins de semana terão a mesma duração da pena privativa de liberdade substituída (art. 55 do CP). Mas, como já vimos, a prestação de serviço superior a um ano poderá ser cumprida em menor tempo, com mais horas por dia, até o limite de metade do tempo inicialmente estipulado.

116 RESUMO DE DIREITO PENAL

No caso de semi-imputáveis (art. 26, parágrafo único), a pena pode ser substituída por medida de segurança (art. 98 do CP).

Violência doméstica, inclusive vias de fato. Entende-se que é incabível a substituição da pena privativa nas hipóteses de conduta cometida com violência ou grave ameaça à pessoa no âmbito doméstico (STJ, Agr-Reg no REsp 1.619.857, j. 28.3.2017).

16. Regimes de cumprimento da pena

A Reforma de 1984 adotou um sistema que leva em conta quatro fatores para o regime de cumprimento e da individualização da pena: a reincidência, a qualidade da pena (reclusão ou detenção), a quantidade da pena e a espécie de crime (doloso ou culposo).

Pela combinação desses quatro fatores é que o juiz encontrará a pena final e o regime aplicável ao caso concreto, conforme se indica a seguir.

O tempo de prisão provisória, de prisão administrativa ou de internação, no Brasil ou no estrangeiro, deve ser descontado para fins de determinação do regime inicial de pena privativa de liberdade (art. 387, § 2º, do CPP).

A decisão não pode ser omissa quanto ao regime inicial da pena (*RT* 622/373).

FATORES PARA INDIVIDUALIZAÇÃO DA PENA E DETERMINAÇÃO DO REGIME DE CUMPRIMENTO	1) *reincidência*
	2) *qualidade da pena* (reclusão ou detenção)
	3) *quantidade da pena*
	4) *espécie de crime* (doloso ou culposo)

16.1 Reincidência

Verifica-se a reincidência quando o agente comete novo crime depois de transitar em julgado a sentença que, no País ou no Estrangeiro, o tenha condenado por crime anterior (art. 63 do CP). Tecnicamente, pois, a prática de dois ou mais crimes, ou até de uma série de crimes, não caracteriza, por si só, a reincidência.

É necessário, para o reconhecimento da reincidência, que novo crime seja praticado após sentença condenatória transitada em julgado, por crime anterior, com certidão do fato nos autos.

A reincidência não será considerada se entre a data do cumprimento ou da extinção da pena e a infração posterior tiver decorrido período de tempo

DAS PENAS

superior a cinco anos (art. 64, I, do CP) (há, aí, como que uma espécie de prescrição da reincidência). Da mesma forma, não será considerada a reincidência se o crime anterior for militar próprio ou político (art. 64, II, do CP).[15]

Também não será considerada para efeito de reincidência a sentença que conceder perdão judicial (art. 120 do CP), nem a condenação por contravenção penal, e nem a condenação anulada em revisão criminal.

Se o réu for *reincidente*, e a pena for de *reclusão*, o regime inicial de cumprimento de pena será sempre o regime fechado, qualquer que seja a quantidade da pena.[16]

Se o réu for *reincidente*, e a pena for de *detenção*, o regime inicial de cumprimento de pena será sempre o regime semiaberto, qualquer que seja a quantidade da pena, vez que na detenção este é o regime mais severo.[17]

A Lei 9.714/98, modificando o art. 44 do CP, possibilitou a substituição de pena privativa de liberdade mesmo para reincidentes, desde que cumpridas as condições gerais para substituição (art. 44, I a III, do CP), que não haja reincidência específica (prática do mesmo crime) e que a medida seja socialmente recomendável (art. 44, § 3º).

16.2 Reclusão, sem reincidência

Sem reincidência, se a pena ultrapassar oito anos de reclusão, o regime será o fechado. Reclusão de mais de quatro anos e menos de oito anos terá regime semiaberto. Até quatro anos de reclusão o regime será o aberto.[18]

A última hipótese (até quatro anos de reclusão) oferece outras variantes. Na pena de um ano, no máximo, poderá ocorrer substituição por multa ou uma pena restritiva de direitos. Se superior a um ano, até o máximo de quatro anos, a substituição será por uma pena restritiva de direitos e multa, ou por duas penas restritivas de direito (art. 44, § 2º, do CP). Mas, em qualquer caso de reclusão, o regime inicial fechado pode ser imposto,

---

15. Da mesma forma, não importará reincidência a pena aplicada em razão de proposta do Ministério Público, no Juizado Especial Criminal, ou na suspensão condicional do processo (L 9.099/95).

16. De acordo com algumas decisões, a condenação anterior à pena de multa não impede o início do cumprimento de pena de reclusão em regime semiaberto. Se a multa anterior não impede a concessão de *sursis* (art. 77, § 1º, do CP), não deve impedir também o regime semiaberto, ou aberto, conforme o caso. Nesse sentido: *JTACrimSP* 87/352 e 92/401 e *JC* 60/255.

17. Sobre o conceito de *reincidência específica*, v. item 20, *Livramento condicional*, nota de rodapé.

18. **Regime mais gravoso**. É possível fixar regime inicial mais severo do que aquele que normalmente caberia, pelo critério do CP, se houver motivação concreta e conforme aferição caso a caso (STJ, HC 362.535-MG (2016/0182925-2), j. 14.12.2016).

118 RESUMO DE DIREITO PENAL

mesmo quando o Código Penal permite o semiaberto ou o aberto, se assim o exigirem a gravidade dos fatos ou a avaliação feita pelo juiz nos termos do art. 59 (v. tb. art. 33, § 3º, do CP).

16.3 Detenção por crime doloso, sem reincidência

Sem reincidência, nas penas de detenção por crime doloso superiores a quatro anos o regime inicial é o semiaberto, que é o mais grave para início do cumprimento da detenção (art. 33, *caput*, segunda parte, do CP). Até quatro anos, o regime inicial é o aberto (art. 33, § 2º, "c", do CP).

A pena privativa de liberdade de até um ano, inclusive, poderá ser substituída por multa ou por restritiva de direitos. Se superior a um ano, até o máximo de quatro, a pena privativa será substituída por uma multa mais uma pena restritiva ou por duas restritivas simultâneas.

16.4 Detenção por crime culposo, sem reincidência

Sem reincidência, as penas superiores a quatro anos são cumpridas em regime semiaberto, que é o regime mais rigoroso para a detenção (art. 33, *caput*, segunda parte, do CP).

A pena inferior a quatro anos tem o regime inicial aberto.

Mas, qualquer que seja a pena, poderá ocorrer a substituição da pena privativa de liberdade aplicada por crime culposo, cumpridas as condições gerais da substituição (art. 44, II a III, do CP). Na pena igual ou inferior a um ano, a substituição poderá ser feita por uma pena de multa ou uma pena restritiva de direitos. Se superior a um ano, a substituição ocorrerá por uma pena de multa mais uma pena restritiva, ou por duas penas restritivas simultâneas.

Nada obsta a que se termine ocasionalmente com duas penas de multa, uma originária e outra substitutiva. A sentença pode ter imposto cumulativamente a detenção e a multa, substituindo depois a detenção por multa, ficando então duas multas (nesse sentido: *JTACrimSP* 95/236).

16.5 Regime disciplinar diferenciado

A Lei 10.792, de 1.12.2003, alterou a Lei de Execução Penal, instituindo, entre outras disposições, o regime disciplinar diferenciado.

Neste regime, o preso cumpre a pena em cela individual, com saída por duas horas diárias para banho de sol. A duração máxima é de 360 dias, podendo a sanção ser repetida, até o limite de 1/6 da pena aplicada. De-

DAS PENAS 119

pende de requerimento do diretor do estabelecimento e de decisão judicial, ouvidos o Ministério Público e a defesa.

Cabe no caso de falta grave que ocasione subversão da disciplina interna. Cabe, também, no caso de presos provisórios ou condenados que apresentem alto risco para a sociedade, ou de participantes de organizações criminosas, associação criminosa (art. 52, § 2º, da LEP).

QUADRO GERAL DAS PENAS
(regimes iniciais e substituições possíveis)

NÃO REINCIDENTES		
Reclusão (crime doloso)	*Detenção* (crime doloso)	*Detenção* (crime culposo)
• *mais de 8 anos* regime fechado (art. 33, § 2º, "a") não há substituição	• *mais de 4 anos* regime semiaberto (art. 33, *caput*) não há substituição	• *mais de 4 anos* regime semiaberto (art. 33, *caput*) ou restritiva + multa ou duas restritivas
• *mais de 4 até 8 anos* regime semiaberto (art. 33, § 2º, "b") não há substituição	• *mais de 1 até 4 anos* regime aberto (art. 33, § 2º, "c") ou multa + restritiva ou duas restritivas	• *mais de 1 até 4 anos* regime aberto (art. 33, § 2º, "c") ou multa + restritiva ou duas restritivas
• *mais de 1 até 4 anos* regime aberto (art. 33, § 2º, "c") ou multa + restritiva ou duas restritivas	• *até 1 ano* regime aberto (art. 33, § 2º, "c") ou multa ou restritiva	• *até 1 ano* regime aberto (art. 33, § 2º, "c") ou multa ou restritiva
• *até 1 ano* regime aberto (art. 33, § 2º, "c") ou multa ou restritiva		
REINCIDENTES		
Reclusão: regime inicial sempre fechado *Detenção*: regime inicial sempre semiaberto		
Para os reincidentes poderá o juiz aplicar a substituição, nas mesmas condições, desde que seja socialmente recomendável e a reincidência não se tenha operado em virtude da prática do mesmo crime (art. 44, § 3º, do CP)		
Regime Disciplinar Diferenciado (v. item 16.5, retro)		

120 RESUMO DE DIREITO PENAL

Notas sobre o regime de cumprimento da pena:

1. No caso de reclusão, o regime inicial fechado pode ser imposto, mesmo quando o Código Penal permite o regime semiaberto ou aberto, se assim o exigirem a gravidade dos fatos ou a avaliação feita pelo juiz nos termos do art. 59.

2. De acordo com algumas decisões, a condenação anterior à pena de multa não impede o início do cumprimento de pena de reclusão em regime semiaberto (*JTACrimSP* 87/352 e 92/401 e *JC* 60/255).

3. A multa substitutiva, prevista no art. 44, § 2º, independe de cominação na Parte Especial (art. 58, parágrafo único).

4. A pena por crime hediondo, prática de tortura, tráfico ilícito de entorpecentes e drogas afins e terrorismo será cumprida inicialmente em regime fechado (L 11.464/2007) podendo dar-se a progressão de regime após o cumprimento de 2/5 da pena ou 3/5 no caso de reincidência (L 8.072/90; L 11.464/2007). A jurisprudência, porém, tem-se inclinado pela concessão da progressão mesmo neste caso (*RT* 837/558, 838/615, 849/497, 851/551).

5. Uma corrente entende possível a concessão do regime semiaberto na reclusão inferior a quatro anos, embora reincidente o réu (*RT* 727/523).

6. De acordo com uma decisão, o critério da reincidência pode ser atenuado, em certos casos, em que não se evidencia maior periculosidade (*RT* 731/489).

17. Concurso de crimes

O concurso de crimes ocorre quando o agente pratica duas ou mais infrações penais, distinguindo-se o concurso material, o concurso formal e o crime continuado.

17.1 Concurso material

No concurso de crimes, a regra geral é a do concurso material, em que se somam simplesmente as penas privativas de liberdade, referentes a cada crime, até o limite máximo de 30 anos (arts. 69 e 75 do CP).[19]

O concurso material é *homogêneo* quando os crimes são idênticos (dois furtos), ou *heterogêneo*, quando os crimes não são idênticos (um furto e um estupro, por exemplo).

Dispõe o Código Penal que na aplicação cumulativa de reclusão e de detenção executa-se primeiro a reclusão (art. 69, segunda parte). Lembra-

19. "A pena unificada para atender ao limite de trinta anos de cumprimento, determinado pelo art. 75 do Código Penal, não é considerada para a concessão de outros benefícios, como o livramento condicional ou o regime mais favorável de execução" (Súmula 715 do STF).

DAS PENAS 121

mos que na Reforma Penal de 1984 reclusão e detenção constituem apenas índices de referência, em conjunto com vários outros, para a opção pelo cumprimento da pena em regime fechado, semiaberto ou aberto.

17.2 Concurso formal

No concurso formal, o agente, mediante uma só ação ou omissão, pratica dois ou mais crimes, idênticos ou não. A pena aplicável será a mais grave, ou, se iguais, somente uma delas, mas aumentada, em qualquer caso, de um sexto até a metade (art. 70, primeira parte, do CP). Exemplo de concurso formal: *A* agride *B*, mas atinge também a *C*, ferindo ambos. A pena será a de lesão corporal dolosa, aumentada, porém, por causa da lesão culposa (critério do cúmulo jurídico ou da exasperação).

Mas se o agente, apesar da ação única, teve a intenção de atingir mesmo ambas as vítimas, as penas serão aplicadas cumulativamente, como no concurso material (art. 70, segunda parte, do CP).

Deve-se distinguir, portanto, entre o concurso formal perfeito e o imperfeito ou impróprio.

No *concurso formal perfeito* (art. 70, primeira parte) há dolo direto em relação a um crime e dolo eventual ou culpa em relação ao outro crime, ou, ainda, apenas culpa nos dois crimes (aplica-se a pena mais grave, ou só uma delas, se iguais, com aumento de um sexto até a metade).

No *concurso formal imperfeito ou impróprio* há dolo direto nos dois crimes (art. 70, segunda parte). Exemplo clássico de concurso formal imperfeito é o caso do agente que coloca várias vítimas em fila, uma atrás da outra, para abatê-las todas com um só tiro (aplica-se a regra do concurso material; simples soma das penas).

17.3 Crime continuado

O crime continuado pode ser real ou fictício.

O *crime continuado real* se caracteriza por duas ou mais ações seguidas, com a intenção de se obter no fim um resultado previamente planejado (elo subjetivo-objetivo entre as ações). O empregado de uma fábrica, por exemplo, desejando furtar um novelo de lã, leva para casa todos os dias um pedaço do mesmo. O furto é um só, o do novelo, e não vários furtos de pedaços de novelo.

122 RESUMO DE DIREITO PENAL

O *crime continuado fictício* é uma figura imaginária criada pela lei para evitar pena excessiva no caso de dois ou mais crimes seguidos.

Na Idade Média servia o instituto para afastar a pena de morte no terceiro furto.

Para amenizar a situação do acusado que praticou dois ou mais crimes da mesma espécie, dentro de circunstâncias semelhantes de tempo, lugar e modo de execução, finge-se uma ligação entre os vários crimes, para permitir a aplicação de uma pena só (elo puramente objetivo entre as ações).[20]

O Código Penal adotou a teoria da ficção (critério puramente objetivo): quando o agente, mediante mais de uma ação ou omissão, pratica dois ou mais crimes da mesma espécie e, pelas condições de tempo, lugar, maneira de execução e outras semelhantes, devem os subsequentes ser havidos como continuação do primeiro, aplica-se-lhe a pena de um só dos crimes, se idênticas, ou a mais grave, se diversas, aumentada, em qualquer caso, de um sexto a dois terços (art. 71 do CP).

Para alguns, crimes da mesma espécie são os previstos no mesmo tipo penal. Para outros são os que tenham semelhança nos seus elementos subjetivos e objetivos.

O Código Penal admite também a continuidade nos crimes dolosos[21] contra vítimas diferentes, cometidos com violência à pessoa ou grave ameaça. Mas, neste caso, a pena pode ser triplicada, neutralizando-se o favor da lei (art. 71, parágrafo único, do CP).[22]

A pena aumentada, porém, não pode ser superior à que se obteria pela regra do concurso material, nem pode ultrapassar 30 anos, que é o limite máximo da pena privativa de liberdade (arts. 71, parágrafo único, última parte, e 75, *caput*, do CP).

---

20. Para o reconhecimento de crime continuado, parcela da jurisprudência passou a exigir a existência de um projeto criminoso idêntico, ou aproveitamento, pelo agente, das mesmas situações ou oportunidades, restringindo, assim, em parte, a amplitude do critério puramente objetivo (*RT* 706/336, 766/575, *JSTJ* 7/235, *RJDTACrimSP* 16/210).

21. A Súmula 605-STF proibia o reconhecimento da continuidade delitiva nos crimes dolosos contra a vida. No entanto esse entendimento encontra-se superado e hoje a posição francamente predominante admite a continuidade também no homicídio: "(...) 2. Continuidade delitiva e homicídio. Possibilidade. 3. Vítimas diferentes. Art. 71, parágrafo único, do CP. Continuidade delitiva específica. (...)" (STF, 2ª T., RHC 105.401-SP, rel. Min. Gilmar Mendes, j. 24.5.2011).

22. Mirabete, citando Francisco Fernandes de Araújo, observa que "a essa espécie de continuação deu-se o nome de crime continuado *específico*" (*Manual de Direito Penal*, vol. I/316).

DAS PENAS

CONCURSO DE CRIMES		
CONCURSO MATERIAL art. 69	CONCURSO FORMAL art. 70	CRIME CONTINUADO art. 71

Duas ou mais ações
 	
Dois ou mais crimes
 	
Soma das penas
	PERFEITO
	Uma só ação
	Dois ou mais crimes
	Dolo direto + dolo
	    eventual ou culpa
	Ou culpa + culpa
	
	Pena: só a mais grave ou
	    só uma delas se iguais,
	    com aumento de 1/6
	    a 1/2
	
	IMPERFEITO
	Uma só ação
	Dois ou mais crimes
	Dolo direto + dolo
	    direto
	Soma das penas
		Duas ou mais ações
		
		Dois ou mais crimes
		    ligados pela
		    semelhança
		    de tempo, lugar e modo
		    de execução (critério
		    objetivo puro)
		Pena: só a mais grave ou
		    só uma delas se iguais,
		    com aumento de 1/6
		    a 2/3
		
		ou com aumento até o
		    triplo, nos crimes
		    dolosos contra vítimas
		    diferentes, com
		    violência à pessoa ou
		    grave ameaça (art. 71,
		    parágrafo único)

18. Suspensão condicional da pena ("sursis")

A suspensão condicional da pena (*sursis*) é um instituto pelo qual a execução da pena privativa de liberdade é suspensa por um certo período de prova, extinguindo-se a pena no fim do prazo (arts. 77 e 82 do CP).

Existem quatro tipos de *sursis*: o simples, o especial, o etário e o por razões de saúde.

O *sursis* simples rege-se pelas seguintes normas:

Requisitos: a) detenção ou reclusão não superior a dois anos; b) não cabimento da substituição por uma pena restritiva de direitos; c) circunstâncias judiciais favoráveis (arts. 59 e 77, II, do CP); d) não reincidência em crime doloso.

Período de prova: suspensão da detenção ou reclusão por dois a quatro anos.

Extinção da pena: findo o prazo do *sursis* extingue-se a pena.

124 RESUMO DE DIREITO PENAL

Condições: as condições a serem cumpridas durante o prazo do *sursis* podem ser legais (impostas expressamente pela lei – art. 78, § 1º, do CP) ou judiciais (impostas pelo juiz – art. 79). No primeiro ano do período de prova impõe-se a prestação de serviços à comunidade ou a limitação de fim de semana (condições legais).

As condições do *sursis* podem ser modificadas no curso do prazo (art. 158, § 2º, da LEP).

Pode o *sursis* ser revogado, obrigatória ou facultativamente (art. 81 do CP). Pode o seu prazo ser prorrogado (art. 81, §§ 2º e 3º, do CP).

O *sursis* não abrange a multa nem as penas restritivas de direitos (art. 80 do CP). Multa anterior não impede o *sursis* (art. 77, § 1º, do CP).

O *sursis* especial caracteriza-se pelos seguintes pontos:

Requisitos: a) circunstâncias judiciais inteiramente favoráveis; b) dano reparado, salvo impossibilidade de fazê-lo (art. 78, § 2º, do CP); c) preenchimento dos demais requisitos do *sursis* simples.

Condições (cumulativas): não frequentar determinados lugares, não se ausentar, sem autorização, da comarca de residência, e comparecer mensalmente a juízo (art. 78, § 2º, do CP). No mais, o *sursis* especial segue as normas do *sursis* simples.

O *sursis* etário caracteriza-se pelos seguintes pontos:

Requisitos: a) idade igual ou superior a 70 anos (na data da sentença) ou razões de saúde que justifiquem a suspensão; b) detenção ou reclusão não superior a quatro anos (art. 77, § 2º, do CP); c) preenchimento dos demais requisitos do *sursis* simples.

Período de prova: suspensão da pena por quatro a seis anos.

O *sursis* por razões de saúde segue os mesmos critérios do *sursis* etário.

$$
\text{TIPOS DE } SURSIS \begin{cases} simples \\ especial \\ etário \\ por\ razões\ de\ saúde \end{cases}
$$

19. Suspensão condicional do processo

Nas contravenções penais e nos crimes com pena mínima cominada igual ou inferior a um ano, o Ministério Público, ao oferecer a denúncia, pode propor a suspensão condicional do processo, por dois a quatro anos,

DAS PENAS 125

mediante certos requisitos e condições semelhantes às condições do *sursis* (L 9.099/95, que instituiu os Juizados Especiais Cíveis e Criminais).

Trata-se também de suspensão condicional. Mas, ao invés de mera suspensão da pena, como no *sursis*, propõe-se desde logo a suspensão de todo o processo, a partir do recebimento da denúncia, o que é muito mais prático.

A suspensão do processo é um instituto misto. Tem caráter processual, mas tem igualmente reflexos evidentes sobre a punibilidade, interessando, portanto, a um só tempo, ao processo penal e ao direito penal.[23]

20. Livramento condicional

Pelo livramento condicional, o condenado que tiver cumprido certo tempo da pena privativa de liberdade poderá cumprir solto o período restante, mediante determinadas condições (arts. 83 a 90 do CP; arts. 131 a 146 da LEP).

A pena deve ser igual ou superior a dois anos. O condenado deve ter cumprido mais de 1/3 da pena, se não for reincidente em crime doloso e tiver bons antecedentes, ou mais da metade, se reincidente em crime doloso.[24]

Também deve ter comportamento satisfatório, bom desempenho no trabalho que lhe tenha sido atribuído, aptidão para prover à própria subsistência mediante trabalho honesto e ter reparado o dano causado com a infração, salvo impossibilidade de fazê-lo.

Se até o seu término o livramento não é revogado, considera-se extinta a pena privativa de liberdade (art. 90 do CP).

Nos crimes dolosos com violência ou grave ameaça à pessoa as condições são mais rigorosas (art. 83, parágrafo único, do CP).

---

23. A matéria referente à suspensão condicional do processo é examinada com mais detalhes no *Resumo de Processo Penal* (vol. 6 desta Coleção).

24. Nos crimes de que trata a L 8.072/90 (crimes hediondos, prática de tortura, tráfico ilícito de entorpecentes e drogas afins, tráfico de pessoas e terrorismo), o livramento condicional exige cumprimento de 2/3 da pena e ausência de reincidência específica.

Considera-se *reincidência específica* a reincidência em crime da mesma natureza, com a violação do mesmo artigo, ou, ainda que diversos os dispositivos, havendo idênticas características fundamentais, pelos fatos constitutivos ou pelos motivos determinantes.

No Direito Penal brasileiro atual existem apenas dois casos de aplicação do instituto da reincidência específica: proíbe-se a concessão de livramento condicional em certos crimes (art. 83, V, do CP) e veda-se a substituição da pena (art. 44, § 3º, do CP).

Capítulo VII

MEDIDAS DE SEGURANÇA

As medidas de segurança não são penas, mas tão somente meios defensivos da sociedade. A pena refere-se mais à gravidade do delito, ao passo que a medida de segurança tem em vista apenas a periculosidade do agente. As penas encaram o passado. As medidas de segurança voltam-se para o futuro.

Pela Reforma Penal de 1984, não há mais imposição isolada de medida de segurança, independentemente da tipificação de um delito, como ocorria na redação anterior do art. 76, parágrafo único, do Código Penal (no crime impossível, por exemplo, em que não há delito mas se revela a periculosidade, permitia-se antes a aplicação de medida de segurança, o que hoje não ocorre).

Os loucos (inimputáveis por doença mental ou desenvolvimento mental incompleto ou retardado) são isentos de pena (art. 26 do CP). Ficam eles, porém, sujeitos a medida de segurança, consistente em internação em hospital de custódia e tratamento, ou apenas a tratamento ambulatorial, se as condições do agente permitirem e o fato for apenado com detenção (art. 97 do CP).

Em regra, portanto, se o fato for apenado com reclusão, o inimputável deve ser internado em hospital de custódia e tratamento. Se o fato for apenado com detenção, poderá o inimputável receber tratamento ambulatorial.

Mas a jurisprudência tem abrandado o preceito, permitindo o tratamento ambulatorial ainda que se trate de pena de reclusão, dependendo tudo da natureza do fato e da índole do inimputável (*RT* 634/272, *RJTJESP* 116/467).

Os semiloucos ou "fronteiriços" (semi-imputáveis, em virtude de perturbação da saúde mental ou desenvolvimento mental incompleto ou retardado) não são isentos de pena, mas pode ela ser reduzida de um a dois

128 RESUMO DE DIREITO PENAL

terços (art. 26, parágrafo único, do CP), ou ser substituída por medida de segurança se o condenado necessitar de especial tratamento curativo (art. 98 do CP). Neste caso, porém, só a pena privativa de liberdade pode ser substituída por medida de segurança, vez que não há substituição de pena de multa por medida de segurança.

A medida de segurança é por tempo indeterminado, com o mínimo de um a três anos, perdurando enquanto não constatada a cessação da periculosidade por perícia médica (art. 97, § 1º, do CP).

De acordo com a doutrina, não existe mais no Direito atual a cumulação de pena e medida de segurança (*sistema do duplo binário*).

Hoje se aplicaria só a pena ou só a medida de segurança (*sistema vicariante*).[1]

O ensinamento é correto quando se trata de agente inimputável, ao qual não se aplica pena, mas tão somente medida de segurança. Ou de agente imputável, ao qual só pode ser aplicada pena e não medida de segurança.

Mas quando se trata de agente semi-imputável (art. 26, parágrafo único, do CP), com aplicação de pena privativa de liberdade e também pena de multa, poderá haver a substituição da pena privativa de liberdade, com a permanência da pena de multa, vez que só a privativa de liberdade pode ser substituída por medida de segurança (art. 98 do CP).

Como já se decidiu, "substituída a pena privativa de liberdade por medida de segurança, permanece a pena de multa" (*RT* 629/355).

Assim, nesse caso particular, continua a existir o sistema do duplo binário, com a aplicação cumulativa de medida de segurança e pena (embora de multa).

Sobre a relação entre medida de segurança e prescrição, v. cap. X (*Prescrição*), item 9 (*Medida de segurança e prescrição*).

Nas contravenções penais cabe também medida de segurança (art. 13 da LCP) (*RT* 716/464).

---

1. "Extingue o Projeto a medida de segurança para o imputável e institui o sistema vicariante para os fronteiriços" (da Exposição de Motivos da Reforma Penal de 1984, item 87).

"Não haverá pois aplicação cumulativa de pena e medida de segurança. Adotou-se assim o sistema vicariante em substituição ao duplo binário" (*RJTJESP* 109/488).

MEDIDAS DE SEGURANÇA

INIMPUTÁVEIS (art. 26 do CP)

- *isenção de pena* (art. 26, *caput*)

  E

- *aplicação de medida de segurança (art. 97)*
  - internação em hospital de custódia e tratamento (em casos apenados com reclusão)

    OU

  - tratamento ambulatorial (em casos apenados com detenção)

SEMI-IMPUTÁVEIS (art. 26, parágrafo único, do CP)

- *pena reduzida de um a dois terços* (art. 26, parágrafo único)

  OU

- *substituição da pena por medida de segurança*
  - internação em hospital de custódia e tratamento (em casos apenados com reclusão)

    OU

  - tratamento ambulatorial (em casos apenados com detenção)

IMPUTÁVEIS

- *só pena* (não há aplicação de medida de segurança para imputáveis)

Capítulo VIII

EFEITOS DA CONDENAÇÃO.
REABILITAÇÃO.
AÇÃO PENAL

1. Efeitos da condenação – 2. Reabilitação – 3. Ação penal – 4. Decadência do direito de queixa ou de representação – 5. Renúncia tácita ao direito de queixa ou representação – 6. Ação penal em crime complexo.

1. Efeitos da condenação

A condenação leva à obrigação de indenizar o dano e ao confisco dos instrumentos, do produto e dos proveitos do crime (efeitos genéricos, automáticos) (art. 91 do CP, art. 779 do CPP).[1]

Quando o produto ou o proveito do crime não for encontrado ou quando estiver fora do país, pode ser decretada a perda de outros bens ou valores equivalentes, de propriedade do acusado. Neste caso, tais bens ou valores podem ser apreendidos provisoriamente, ainda durante o inquérito ou processo, para posterior decretação de perda.

Pode levar também à perda de função pública (art. 92, I, do CP), à incapacidade para o exercício do poder familiar, tutela ou curatela (art. 92, II) e à inabilitação para dirigir veículo, quando utilizado como meio para a prática de crime doloso (art. 92, III) (efeitos específicos, não automáticos, que devem ser motivadamente declarados na sentença).

De qualquer forma, porém, os efeitos da condenação (automáticos ou não) só vigoram após o trânsito em julgado da sentença, pois "ninguém será considerado culpado até o trânsito em julgado de sentença penal condenatória" (art. 5º, LVII, da CF).

---

1. Nas contravenções ocorre tb. o confisco: *RT* 670/324, 707/319. Contra: *RT* 608/350, 730/630.

Após a Reforma Penal de 1984, só existem penas principais (privativas de liberdade, restritivas de direitos e multa), tendo-se acabado com a categoria das penas acessórias.

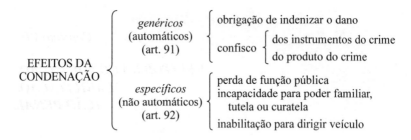

Mas o fato é que várias das antigas penas acessórias só trocaram de nome, figurando agora como penas restritivas de direitos ou como efeitos da condenação.

2. Reabilitação

A reabilitação pode ser requerida após dois anos da extinção da pena ou do término da execução (arts. 93 a 95 do CP). Os benefícios da reabilitação podem ser os seguintes:

I – Sigilo dos registros sobre o processo e a condenação. O dispositivo não tem maior interesse, vez que o art. 202 da Lei de Execução Penal já assegura o sigilo logo que cumprida ou extinta a pena, sem exigir a espera de dois anos.

II – Suspensão da perda de cargo, função pública ou mandato eletivo, vedada, porém, a reintegração na situação anterior (art. 93, parágrafo único, do CP). O texto serve apenas para enfatizar a inexistência de impedimento para outros cargos públicos, restando, porém, excluída a recondução ao cargo anterior.

III – Suspensão da incapacidade para o exercício do poder familiar, tutela ou curatela, vedada igualmente a reintegração na situação anterior. Aqui também cessa o impedimento em relação a outros filhos tutelados ou curatelados, mas não em relação aos anteriores.

IV – Suspensão da inabilitação para dirigir veículo.

A reabilitação será revogada, de ofício ou a requerimento do Ministério Público, se o reabilitado for condenado, como reincidente, por decisão definitiva, a pena que não seja de multa (art. 95 do CP).

EFEITOS DA CONDENAÇÃO. REABILITAÇÃO. AÇÃO PENAL 133

3. Ação penal

A ação penal pode ser pública incondicionada, pública condicionada, privada exclusiva, privada subsidiária e privada personalíssima.

A *ação penal pública incondicionada* constitui a regra. É exercida pelo Ministério Público e independe de provocação de outrem. É função institucional do Ministério Público promover, privativamente, a ação penal pública (art. 129, I, da CF). Inicia-se a ação penal pública com a *denúncia*, contendo a exposição do fato criminoso, com as suas circunstâncias, a qualificação do acusado, a classificação do crime e o rol de testemunhas (art. 41 do CPP).

A *ação penal pública condicionada* é exercida também pelo Ministério Público, mas depende, para sua instauração, de representação do ofendido ou de seu representante legal ou, em certos casos, de requisição do Ministro da Justiça.[2]

A requisição do Ministro da Justiça cabe no caso do art. 7º, § 3º, do Código Penal (crime cometido por estrangeiro contra brasileiro fora do Brasil) e no do art. 145, parágrafo único, do Código Penal (crime contra a honra praticado contra Presidente da República ou contra chefe de governo estrangeiro).

A representação é manifestação de vontade de que se proceda à ação penal. Independe de forma especial[3] e é irretratável após a denúncia (art. 102 do CP). Exemplo: art. 147 do Código Penal (crime de ameaça) ("somente se procede mediante representação").

A representação pode ser feita por requerimento, ou por manifestação oral, tomada por termo, perante a autoridade policial, o representante do Ministério Público ou o juiz.[4]

2. **Violência doméstica.** Conquanto o crime de lesões corporais leves e culposas seja apurado mediante ação penal pública condicionada à representação do ofendido (art. 88 da L 9.099/95), o STF, interpretando conforme a Constituição os arts. 12, I, e 16 da L 11.340/2006, decidiu que é sempre de natureza pública incondicionada a ação penal no caso de lesões corporais praticadas contra mulher no ambiente doméstico (ADI 4.424-DF, TP, j. 9.2.2012). No mesmo sentido a Súmula 542 do STJ: "A ação penal relativa ao crime de lesão corporal resultante de violência doméstica contra a mulher é pública incondicionada". **Duas mulheres.** A Lei Maria da Penha não se aplica nos casos de agressão praticada por pessoa do sexo feminino. Hipótese de briga entre irmãs (TJMG, 5ª Câm. Crim., Conf. Jurisdição 1.0000.13.089193-0/000 0891930-78.2013.8.13.0000, rel. Des. Alexandre Victor de Carvalho, j. 8.4.2014).

3. **Boletim de ocorrência.** Representação é ato processual que não exige formalidade. BO assinado pela vítima relatando os fatos é demonstração inequívoca do desejo de representar contra o réu (TJSC, 2ª Câm. Crim., ACr 2014.040575-3, rel. Des. Volnei Celso Tomazini, j. 9.9.2014).

4. Na esfera penal admite-se a qualidade de representante legal de ofendido incapaz não só aos pais ou tutores, mas também aos parentes próximos (*RT* 595/458) ou a qualquer pessoa que costume zelar pela vítima (*RT* 585/315, 589/343).

134 RESUMO DE DIREITO PENAL

Conforme já foi dito, a representação e a requisição do Ministro da Justiça são condições de procedibilidade (v. item 11 do cap. IV). A ausência desses pressupostos impede a propositura da ação penal. A falta de requerimento do ofendido, de representação ou de requisição do Ministro da Justiça impedem também a prisão em flagrante (cf. Fernando da Costa Tourinho Filho, *Processo Penal*, vol. III/383; *RT* 598/398), ou a limitam a 24 horas (cf. Damásio E. de Jesus, *Código de Processo Penal Anotado*, pp. 184 e 185).

A *ação privada exclusiva* é a que só pode ser movida pelo próprio ofendido ou seu representante legal (art. 100, § 2º, do CP). Inicia-se com a *queixa*, que é uma peça técnica, com os mesmos requisitos da denúncia, só que assinada pelo advogado do querelante e não pelo promotor de justiça.

Não se trata, portanto, de queixa em sentido comum, mas de queixa no sentido técnico, de peça processual equivalente à denúncia.

"No caso de morte do ofendido ou de ter sido declarado ausente por decisão judicial, o direito de oferecer queixa ou de prosseguir na ação passa ao cônjuge, ascendente, descendente ou irmão" (art. 100, § 4º, do CP) (art. 31 do CPP).

A *ação privada subsidiária* é a que pode ser intentada pelo particular, mediante queixa, se o Ministério Público não oferece denúncia no prazo legal.

Mas, "arquivado o inquérito policial, por despacho do juiz, a requerimento do promotor de justiça, não pode a ação penal ser iniciada, sem novas provas" (Súmula 524 do STF).

Ação privada personalíssima. Em certos casos, a ação privada é personalíssima, só podendo ser intentada pelo próprio interessado e não por algum dos sucessores previstos no art. 100, § 4º, do Código Penal, acima transcrito. Exemplo raro é o art. 236 (induzimento a erro essencial e ocultação de impedimento ao casamento).

Resumindo, a ação penal pode ser *pública incondicionada*, exercida pelo Ministério Público; *pública condicionada*, exercida também pelo Ministério Público, mas só mediante representação do ofendido ou requisição do Ministro da Justiça; *privada exclusiva*, exercida por queixa, pelo ofendido ou seu representante legal, ou por sucessor relacionado no art. 100, § 4º; *privada subsidiária*, exercida por queixa, pelo ofendido, no caso de o Ministério Público não oferecer denúncia no prazo legal; e *privada personalíssima*, que só pode ser exercida pelo próprio interessado, mediante queixa, e não por algum dos sucessores arrolados no art. 100, § 4º (cônjuge, ascendente, descendente ou irmão).

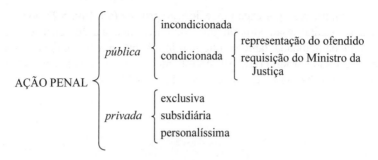

4. Decadência do direito de queixa ou de representação

Salvo disposição expressa em contrário, o ofendido decai do direito de queixa ou de representação no prazo de seis meses, contados do dia em que veio a saber quem é o autor do crime (art. 103, primeira parte, do CP).

Da mesma forma, salvo disposição expressa em contrário, o ofendido decai do direito de propor ação penal privada subsidiária se não o exerce em seis meses contados do dia em que se esgota o prazo para o oferecimento da denúncia (art. 103, segunda parte, do CP) (art. 5º, LIX, da CF) (v. cap. IX, item 6).

5. Renúncia tácita ao direito de queixa ou representação

Nas ações penais abrangidas pelo *Juizado Especial Criminal*, o acordo homologado, sobre a indenização civil, acarreta a renúncia tácita ao direito de queixa ou representação, por parte do ofendido, se se tratar de ação penal privada ou de ação pública dependente de representação (L 9.099/95, art. 74, parágrafo único).

6. Ação penal em crime complexo

O crime complexo ocorre quando a lei considera como elementos ou circunstâncias do tipo legal fatos que, por si mesmos, constituem crime.

Se num crime complexo houver um fato apurável por ação pública e outro fato por ação privada, caberá nas duas hipóteses ação pública (art. 101 do CP).

Como bem esclarece Aloysio de Carvalho Filho, a ação privada é absorvida pela ação pública (*Comentários ao Código Penal*, vol. IV/36).

Em princípio, portanto, aplica-se o art. 101 do Código Penal na ação penal por crime complexo, salvo disposição em contrário.

136 RESUMO DE DIREITO PENAL

A injúria real, por exemplo, é de ação privada (art. 140, § 2º, do CP).[5] Mas, se resultar lesão corporal grave ou gravíssima, a ação penal será pública incondicionada, tanto no que se refere à injúria real, como no que se refere à lesão corporal (art. 101, corroborado neste passo pelo art. 145, do CP).[6] Se resultar lesão leve, a ação penal será pública condicionada.

---

5. Injúria real é a praticada por meio de violência ou vias de fato aviltantes (art. 140, § 2º, do CP). Basileu Garcia cita como exemplo a injúria perpetrada com instrumento aviltante – chicote (*Instituições*, t. II/645).

6. Sobre o conceito de crime complexo, v. explicação anterior (cap. II, letra "J", item 10).

Capítulo IX

EXTINÇÃO DA PUNIBILIDADE

1. Extinção da punibilidade – 2. Morte do agente – 3. Anistia, graça, indulto – 4. "Abolitio criminis" – 5. Perdão judicial – 6. Decadência – 7. Perempção – 8. Renúncia do direito de queixa – 9. Perdão do querelante – 10. Retratação do agente – 11. Pagamento de débito tributário.

1. Extinção da punibilidade

As causas de extinção da punibilidade extinguem a pena aplicável. São causas exteriores ao crime e também, em regra, posteriores ao mesmo. Entre elas estão a morte do agente, a anistia, a prescrição e outros fatos indicados na lei, tanto na Parte Geral do Código Penal (art. 107), como em disposições esparsas da Parte Especial do Código Penal.

A prescrição, em face da amplitude do tema, será tratada em separado, no capítulo seguinte.

2. Morte do agente

Mors omnia solvit. A morte dissolve tudo. O juiz, à vista da certidão de óbito, ouvido o Ministério Público, declarará extinta a punibilidade (art. 62 do CPP).

Se houver falsificação da certidão de óbito, que serviu de base para a extinção da pena, não se poderá mais reabrir o processo, uma vez apurado o falso, vez que não existe revisão criminal contra o réu.

Há, porém, quem entenda inexistir trânsito em julgado da sentença extintiva, no caso, porque o requisito para a extinção da punibilidade é a morte real e não a certidão de óbito.

3. Anistia, graça, indulto

A anistia, a graça e o indulto são formas de dispensa de aplicação da lei penal. A graça, em sentido amplo, abrange a anistia, a graça em sentido estrito e o indulto.

138 RESUMO DE DIREITO PENAL

A *anistia* exclui o crime, apagando a infração penal. É dada por lei, abrangendo fatos e não pessoas (art. 48, VIII, da CF). Pode vir antes ou depois da sentença. Rescinde a condenação, ainda que transitada em julgado. Afasta a reincidência. Pode ser geral, restrita, condicionada ou incondicionada. Pode ser recusada, se condicionada, vez que o réu pode não concordar com a condição. Aplica-se, em regra, a crimes políticos. Não abrange os efeitos civis.[1]

O *indulto* exclui apenas a punibilidade e não o crime. Pressupõe, em regra, condenação com trânsito em julgado. Compete ao Presidente da República (art. 84, XII, da CF), abrangendo grupo de sentenciados. Não afasta a reincidência, se já houver sentença com trânsito em julgado.

A *graça* (em sentido estrito) é o mesmo que indulto individual (cf. art. 188 da LEP).[2]

A graça e o indulto podem ser dados na forma de comutação da pena, que é a substituição de uma pena por outra mais leve.[3]

Não cabe graça ou anistia em crimes de tortura, terrorismo, tráfico de entorpecentes e drogas afins, bem como nos crimes definidos como hediondos (art. 5º, XLIII, da CF).

A Constituição Federal não excluiu a possibilidade de concessão de indulto. Por isto, até a 5ª edição deste livro defendemos a tese de que a vedação de graça e anistia não implicaria, necessariamente, vedação daquele instituto.

Entretanto, a Lei 8.072, de 25.7.90, no seu art. 2º, I, determinou que aqueles delitos são insuscetíveis de anistia, graça e indulto, com expressa vedação ao último benefício.

O mesmo diploma legal definiu os crimes que são considerados hediondos (art. 1º).[4]

4. *"Abolitio criminis"*

O crime é excluído se lei posterior deixa de considerar o fato como tal. É retroativa a lei que não mais considera o fato como criminoso (arts. 2º e 107, III, do CP).

---

1. Sobre regime do anistiado político, v. art. 8º do ADCT e MP 65, de 28.8.2002.

2. O indulto individual poderá ser provocado por petição do condenado, por iniciativa do Ministério Público, do Conselho Penitenciário ou da autoridade administrativa (art. 188 da LEP).

3. **Falta grave.** "A prática de falta grave não interrompe o prazo para fim de comutação de pena ou indulto" (Súmula 535 do STJ).

4. Sobre o rol dos crimes hediondos v. cap. II, letra "J", item 25.

EXTINÇÃO DA PUNIBILIDADE 139

5. Perdão judicial

O perdão judicial extingue a punibilidade, embora configurado o crime, nos casos permitidos em lei.

Exemplo da possibilidade de perdão judicial é a injúria, quando o ofendido, de modo reprovável, a provocou diretamente (art. 140, § 1º, I, do CP).

O perdão judicial exclui o efeito da reincidência (art. 120 do CP) e não pode ser recusado.

É um favor dado pela lei, devendo ser concedido pelo juiz, sempre que preenchidos os requisitos legais.

O juiz, no caso, deixa de proferir a condenação, perdoando o fato.

Alguns autores entendiam que a sentença concessiva de perdão judicial tinha natureza condenatória, com o afastamento somente da pena e do pressuposto da reincidência, vez que tal sentença não pode ser considerada para efeitos de reincidência (art. 120 do CP).

No mais, como a lei não os excluiu, permaneceriam de pé os efeitos secundários da condenação, como o lançamento do nome do réu no rol dos culpados e o pagamento das custas, onde houver.[5]

Atualmente, porém, predomina o entendimento de que a sentença concessiva de perdão judicial é *meramente declaratória*, não tendo natureza condenatória nem absolutória, sem qualquer efeito, portanto, de natureza secundária.

"A sentença concessiva do perdão judicial é declaratória da extinção da punibilidade, não subsistindo qualquer efeito condenatório" (Súmula 18 do STJ).

No caso de concessão de perdão judicial o prazo prescricional baseia-se no mínimo legal da pena (*JTACrimSP* 88/248).

Já se admitiu o reconhecimento de perdão judicial na fase pré-processual, através de arquivamento de inquérito policial.[6]

---

5. No Estado de São Paulo não há custas em causas criminais de qualquer espécie (L paulista 4.952/85) (*JTACrimSP* 92/401). Pode haver, em ação privada (*RJDTACrimSP* 8/72).

6. **Perdão judicial, reconhecimento pré-judicial.** Arquivamento de inquérito policial fundado em perdão judicial. Natureza jurídica da medida autoriza sua concessão a qualquer tempo, *ex vi* do art. 61 do CPP. Aplicabilidade aos crimes de trânsito. Precedente do STJ. Hipótese em que do fato resultou a morte do filho único do condutor. Inteligência da Súmula 18 do STJ, que confere natureza declaratória à decisão concessiva. Arquivamento confirmado. "Deixa-se de designar outro promotor de justiça para oficiar nos autos, insistindo-se no arquivamento proposto" (Procuradorioa-Geral de Justiça de São Paulo.

6. Decadência

A decadência é a perda do direito de ação penal privada ou de representação, pelo não exercício no prazo legal. Salvo disposição expressa em contrário, o prazo de decadência é de seis meses, contados do dia em que o ofendido ou seu representante legal veio a saber quem é o autor do crime, ou, no caso de queixa subsidiária, do dia em que se esgota o prazo para o oferecimento da denúncia (art. 103 do CP).

Conta-se o dia do início do prazo (art. 10 do CP). O curso do prazo de decadência não se interrompe nem se suspende, por motivo algum.

O inquérito policial, a interpelação judicial e o pedido de explicações não interrompem nem suspendem esse prazo.

Neste caso existe divergência sobre o prazo. Para uns há dois prazos, para o menor e para o representante legal, contados da ciência de cada um da autoria do fato.

Para outros o prazo é um só, comum para o menor e o seu representante legal.

A primeira corrente prevalece na jurisprudência. Mas a segunda, de um prazo só, tem a preferência da doutrina, em face da unidade da ação penal.

No caso de queixa subsidiária deve-se considerar o seguinte: 1º) se o Ministério Público apresenta denúncia após esgotado o prazo para o seu oferecimento, mas antes que o ofendido, seu representante ou sucessor ofereçam queixa subsidiária, esta última não poderá ser oferecida, pois nesse caso cessa o direito de queixa; desta forma, o prazo de decadência na ação privada subsidiária, corretamente falando, é de *até seis meses* (se não for apresentada denúncia antes); 2º) mesmo após escoado o prazo de decadência de seis meses, pode o Ministério Público intentar ação, vez que se trata de ação pública, não atingida pela decadência.

7. Perempção

Perempção é a perda do direito de prosseguimento da ação penal, de caráter exclusivamente privado, por algum fato previsto na lei, geralmente por inércia do querelante. O art. 60 do Código de Processo Penal arrola vários casos de perempção, como deixar de promover o andamento do processo durante 30 dias seguidos, ou deixar de formular pedido de condenação nas alegações finais.

Protocolado 60.833/14, Autos 2.301/13, MM. Juízo da 3ª Vara Criminal da Comarca de São José do Rio Preto, *DOE* 7.5.2014).

EXTINÇÃO DA PUNIBILIDADE 141

8. Renúncia do direito de queixa

O direito de queixa pode ser renunciado antes de proposta a ação penal. A renúncia pode ser expressa, através de declaração assinada, ou tácita, pela prática de ato incompatível com a vontade de exercer o direito de queixa (arts. 104 do CP e 50 do CPP).

Damásio de Jesus indica o seguinte exemplo de renúncia tácita: "praticado um crime de injúria, o ofendido convida o ofensor para ser padrinho de batismo de seu filho, indicando com esse ato não ter vontade de contra ele oferecer queixa" (*Direito Penal*, v. 1º/600).

Na área do Juizado Especial Criminal, o acordo homologado, quanto aos danos civis, acarreta tacitamente a renúncia ao direito de queixa ou representação (L 9.099/95, art. 74, parágrafo único).

A renúncia ao exercício do direito de queixa em relação a um dos autores do crime a todos se estenderá (art. 49 do CPP).

9. Perdão do querelante

O querelante pode perdoar o querelado, desistindo da ação penal privada proposta, de modo expresso ou tácito.

Se forem dois ou mais querelados, o perdão concedido a um deles, a todos aproveita, em face do princípio da indivisibilidade da ação penal (art. 51 do CPP), não produzindo efeito, todavia, em relação ao que o recusou.

O perdão, na ação penal privada, é um ato bilateral, podendo ser recusado pelo querelado (art. 106, III, do CP).

A aceitação do perdão pode ser expressa ou tácita. O silêncio importa aceitação (art. 58 do CPP).

O perdão pode ser dado até o trânsito em julgado da sentença condenatória (art. 106, § 2º, do CP).

10. Retratação do agente

Em alguns casos pode a pena ser afastada pela retratação do agente (art. 107, VI, do CP). A retratação cabe nos seguintes casos: na calúnia ou difamação (art. 143 do CP), no falso testemunho ou falsa perícia (art. 342, § 2º, do CP).

A retratação deve ser clara e incondicional.

Não depende da aceitação do ofendido. Deve ser reduzida a termo nos autos. Não se comunica aos coautores.

142 RESUMO DE DIREITO PENAL

No falso testemunho ou falsa perícia a extinção da punibilidade se estende, por exceção, também aos partícipes, vez que, com a retratação, como dispõe o art. 342, § 2º, do Código Penal, "o fato deixa de ser punível". Há, porém, decisões que negam tal comunicabilidade.

11. Pagamento de débito tributário

O pagamento de débitos tributários e contribuições sociais extingue a punibilidade nos crimes dos arts. 168-A e 337-A do Código Penal, bem como dos arts. 1º e 2º da Lei 8.137/90, que define crimes contra a ordem tributária, conforme dispõe a Lei 10.684, de 30.5.2003, art. 9º.

A mesma Lei 10.684/2003 estabelece também que o parcelamento desses débitos suspende a pretensão punitiva.

Capítulo X

PRESCRIÇÃO

1. Prescrição – 2. Interrupção da prescrição – 3. Suspensão da prescrição – 4. Espécies de prescrição penal – 5. Prescrição da pretensão punitiva propriamente dita – 6. Prescrição superveniente – 7. Prescrição retroativa: 7.1 Prescrição retroativa. Reconhecimento antecipado proibido – 8. Prescrição da pretensão executória – 9. Medida de segurança e prescrição – 10. Prescrição da pena de multa – 11. Concurso material de delitos e prescrição – 12. Concurso formal de delitos e prescrição – 13. Crime continuado e prescrição – 14. Crime permanente e prescrição – 15. Reincidência e prescrição – 16. Anulação de sentença anterior e prescrição – 17. Pedido do réu para o afastamento da prescrição e consequente julgamento pelo mérito – 18. Detração e prescrição – 19. Crime falimentar e prescrição: 19.1 Regime do Decreto-lei 7.661/45 – 19.2 Regime novo, da Lei 11.101/2005 – 193 Direito intertemporal.

1. Prescrição

A prescrição extingue a punibilidade, baseando-se na fluência do tempo. Se a pena não é imposta ou executada dentro de determinado prazo, cessa o interesse da lei pela punição, passando a prevalecer o interesse pelo esquecimento e pela pacificação social.

A pena, quando por demais tardia, deixa de ser justa, perdendo no todo ou em parte o seu sentido.

Para uns, a prescrição é um instituto de direito processual, ao passo que para outros é considerada como sendo de direito material. A doutrina prevalecente inclina-se por uma solução mista, considerando que a prescrição é tanto de caráter material como de caráter processual.

De acordo com a legislação vigente, porém, trata-se de um instituto de caráter material, vez que pertence ao Direito Penal e não ao Direito Processual Penal.

144 RESUMO DE DIREITO PENAL

A prescrição é de ordem pública, devendo ser decretada de ofício ou a requerimento do interessado.

O Código Penal, nos arts. 109 e 110, trata dos prazos de prescrição.

O prazo é reduzido pela metade se o réu, ao tempo do crime, tinha menos de 21 anos de idade, ou se, na data da sentença, tiver mais de 70 anos de idade (art. 115 do CP).

Por outro lado, *depois de transitada em julgado a sentença condenatória*, o prazo de prescrição é aumentado de um terço, se o condenado é reincidente (art. 110, última parte, do CP) (o prazo, em relação ao reincidente, só aumenta de um terço na prescrição da pretensão executória e não na prescrição da pretensão punitiva, categorias, essas, que serão examinadas em seguida).[1]

A reincidência, nesse caso, deve ser declarada na própria sentença, sob pena de não poder ser considerada para o aumento do prazo de prescrição (Damásio, Delmanto). Também não pode ser considerado para esse efeito o crime posterior.

Na pena de multa, sendo a única cominada, aplicada ou a cumprir, o prazo da prescrição é de dois anos (art. 114 do CP).[2]

As penas restritivas de direitos prescrevem nos mesmos prazos que os previstos para as penas privativas de liberdade (art. 109, parágrafo único, do CP).

A Constituição Federal de 1988 estabeleceu que são imprescritíveis os crimes de racismo (art. 5º, XLII, da CF e L 7.716, de 5.1.89), bem como os praticados pela ação de grupos armados, civis ou militares, contra a ordem constitucional e o Estado Democrático (art. 5º, XLIV, da CF).

2. *Interrupção da prescrição*

Certos fatos, previstos na lei, acarretam a interrupção da prescrição.

O curso da prescrição é interrompido pelo recebimento da denúncia ou da queixa, pela pronúncia, pela decisão confirmatória da pronúncia, pela publicação da sentença ou acórdão condenatórios recorríveis (L 11.596/2007), pelo início ou continuação do cumprimento da pena e pela reincidência[3] (art. 117 do CP).

1. Mas, de acordo com uma decisão do STJ, a majoração de 1/3 do prazo de prescrição, por causa da reincidência, aplica-se também à prescrição da pretensão punitiva (REsp 6.814-901325-92-PR, STJ, 6ª T., v.u., in *DJU* 3.2.92).

2. Não existe aí, para o reincidente, o aumento de 1/3 do prazo de prescrição.

3. Enquanto não houver condenação definitiva pelo novo crime, que dirá se houve, ou não, a interrupção pela reincidência, não se pode decidir sobre a prescrição. Assim, o

PRESCRIÇÃO 145

Uma vez interrompida, a prescrição volta a correr novamente por inteiro, do dia da interrupção, até chegar ao seu termo final, fixado na lei, ou até que ocorra uma outra interrupção. O prazo que foi interrompido desaparece, como se nunca tivesse existido.

Excetua-se a interrupção provocada pelo início ou continuação do cumprimento da pena. Neste caso, se o condenado se evadir da prisão ou for revogado livramento condicional, o prazo da prescrição não volta a correr por inteiro, mas apenas pelo tempo que restar da pena (arts. 113 e 117, V, e § 2º, do CP).

Considere-se, por exemplo, um condenado que inicia em determinada data o cumprimento de uma pena de três anos de reclusão, mas que foge da prisão depois de dois anos e dois dias.

O prazo de prescrição, que voltaria a correr a partir da última causa de interrupção (início do cumprimento da pena), era de oito anos, vez que a pena era superior a dois anos e não excedia a quatro anos (art. 109, IV, do CP).

Mas agora o prazo de prescrição não será mais de oito anos. Será apenas de três anos, porque a pena que resta para cumprir é inferior a um ano (art. 109, VI, do CP).

Os casos de interrupção do prazo prescricional elencados no art. 117 do Código Penal são taxativos (*numerus clausus*). Assim, a decisão confirmatória da pronúncia interrompe a prescrição (art. 117, III, do CP). O mesmo não ocorre, porém, com uma decisão confirmatória de sentença condenatória, vez que tal fato não está arrolado como causa de interrupção da prescrição.

A pena de multa conta com mais uma causa de interrupção no prazo prescricional, introduzida pela Lei 9.268/96. O despacho do juiz, mandando citar o réu para pagar a multa, interrompe o prazo da prescrição executória (art. 8º, § 2º, da L 6.830/80).

3. Suspensão da prescrição

O prazo da prescrição também pode ser suspenso. Na suspensão, ao contrário do que ocorre na interrupção, não há cancelamento do prazo já decorrido e nova contagem por inteiro, mas apenas a suspensão e o início ou reinício da contagem, pelo tempo que restar para contar.

período entre a notícia do novo crime e a condenação definitiva constitui uma circunstância impeditiva do reconhecimento da prescrição.

E se houver desclassificação? "A pronúncia é causa interruptiva da prescrição, ainda que o Tribunal do Júri venha a desclassificar o crime" (Súmula 191 do STJ).

146 RESUMO DE DIREITO PENAL

Antes de passar em julgado a sentença final, a prescrição não corre enquanto não resolvida, em outro processo, questão de que dependa o reconhecimento da existência do crime, e também enquanto o agente cumpre pena no estrangeiro (art. 116, I e II, do CP).

Depois de passada em julgado a sentença condenatória, a prescrição não corre durante o tempo em que o condenado está preso por outro motivo (art. 116, parágrafo único, do CP).

Na citação edital suspendem-se o processo e o curso do prazo prescricional se o acusado não comparecer, nem constituir advogado (art. 366 do CPP).

Na citação por rogatória, suspende-se também o curso da prescrição, até o seu cumprimento (art. 368 do CPP).

O prazo prescricional da pena de multa fica suspenso durante a suspensão do processo de execução, nos moldes da Lei 9.268/96, que mandou aplicar à multa o rito das execuções fiscais (art. 40 da L 6.830/80).

4. Espécies de prescrição penal

A prescrição penal não se apresenta de uma forma só. Há duas formas principais, subdividindo-se a primeira em três modalidades diferentes.

Divide-se a prescrição penal em *prescrição da pretensão punitiva* (ou prescrição da ação) e *prescrição da pretensão executória* (ou prescrição da pena).

A *prescrição da pretensão punitiva* (ou prescrição da ação) ocorre antes do trânsito em julgado da sentença e tem como consequência o apagamento da pena e de todos os efeitos da sentença condenatória (se tiver sido proferida), considerando-se o crime como se nunca tivesse existido.

Afastam-se, igualmente, os efeitos secundários de sentença condenatória que tenha sido proferida, como a inscrição no rol dos culpados,[4] a fixação do pressuposto da reincidência e o eventual pagamento de custas.

As três modalidades da *prescrição da pretensão punitiva* são as seguintes:

a) prescrição da pretensão punitiva propriamente dita;

b) prescrição superveniente;

c) prescrição retroativa.

---

4. Nos termos do art. 5º, LVII, da CF, "ninguém será considerado culpado até o trânsito em julgado de sentença penal condenatória".

PRESCRIÇÃO

A *prescrição da pretensão executória*, ou prescrição da pena, por sua vez, ocorre após o efetivo trânsito em julgado da sentença, como veremos adiante, com mais detalhes.

Esta prescrição extingue a pena imposta, livrando o condenado do seu cumprimento, mas não afasta os efeitos secundários da sentença condenatória, como a inscrição no rol dos culpados, a fixação do pressuposto da reincidência e o eventual pagamento de custas.

PRESCRIÇÃO PENAL
- *Prescrição da pretensão punitiva* (prescrição da ação)
  - a) *prescrição da pretensão punitiva propriamente dita*
  - b) *prescrição superveniente*
  - c) *prescrição retroativa*
- *Prescrição da pretensão executória* (prescrição da pena)

5. Prescrição da pretensão punitiva propriamente dita

A *prescrição da pretensão punitiva propriamente dita* corre da consumação do crime até o recebimento da denúncia ou da queixa, ou a partir deste momento até a sentença. Na tentativa, o prazo começa a correr do dia em que cessou a atividade criminosa; nos crimes permanentes, do dia em que cessou a permanência; na bigamia e na falsificação ou alteração de assentamento de registro civil, da data em que o fato se tornou conhecido, e nos crimes contra a dignidade sexual de crianças e adolescentes, da data em que a vítima completar 18 anos, salvo se a esse tempo já houver sido proposta a ação penal (art. 111 do CP).

Ocorrendo a prescrição da pretensão punitiva propriamente dita, fica impedida a propositura da ação penal, bem como seu prosseguimento, se já proposta.

A sentença, ao reconhecer esta prescrição, não pode conhecer dos fatos, devendo limitar-se simplesmente a decretar a extinção da punibilidade, vez que, no caso, fica vedado o exame do mérito.

O prazo dessa prescrição regula-se pela pena em abstrato, ou seja, pelo máximo da pena privativa de liberdade cominada ao crime, de acordo com os incisos do art. 109 do Código Penal.

Assim, por exemplo, o crime prescreve em 20 anos se o máximo da pena é superior a 12 anos (art. 109, I), ou em 3 anos, se o máximo da pena é inferior a 1 ano (art. 109, VI).

148 RESUMO DE DIREITO PENAL

O dia do começo inclui-se no cômputo do prazo. Contam-se os dias, os meses e os anos pelo calendário comum (art. 10 do CP).

6. Prescrição superveniente

Como vimos, a publicação da sentença ou acórdão condenatórios recorríveis interrompe a prescrição, fazendo o prazo correr de novo, por inteiro (art. 117, IV, do CP).

O prazo que começa a correr após a sentença condenatória recorrível é o prazo da *prescrição superveniente* (ou subsequente), que vai da sentença até o dia do trânsito em julgado definitivo.

Conta-se o prazo da prescrição superveniente pela pena efetivamente imposta (pena em concreto) e não pelo máximo da pena aplicável (art. 110, § 1º, do CP).

Para isso é necessário, porém, que a sentença tenha transitado em julgado para a acusação, mas não para a defesa (por não ter havido recurso da acusação, ou por ter sido este improvido, ou, ainda, por se evidenciar que o prazo prescricional não aumentaria, mesmo com o eventual êxito do recurso da acusação).

A prescrição superveniente, sendo uma modalidade da prescrição da pretensão punitiva, apaga a pena e todos e quaisquer efeitos, principais ou secundários, da sentença condenatória.

7. Prescrição retroativa

A *prescrição retroativa* é a mesma prescrição superveniente, havendo nos autos sentença condenatória com trânsito em julgado para a acusação, mas não para a defesa.

O prazo da prescrição retroativa conta-se também pela pena efetivamente imposta (pena em concreto).

Há, todavia, uma diferença entre prescrição superveniente e prescrição retroativa.

A prescrição superveniente dirige-se para diante, para período posterior à sentença condenatória, ao passo que a prescrição retroativa pode ser reconhecida no período entre o recebimento da denúncia e a sentença. Proibiu-se o reconhecimento da prescrição retroativa em período anterior à denúncia ou queixa.[5]

---

5. CP, art. 110, § 1º, na redação da L 12.234/2010.

PRESCRIÇÃO 149

A prescrição retroativa, portanto, volta-se para período anterior à sentença e posterior ao recebimento da denúncia ou queixa (art.110, § 1º).

Essa prescrição, por ser também uma modalidade da prescrição da pretensão punitiva, juntamente com a prescrição da pretensão punitiva propriamente dita e a prescrição superveniente, apaga a pena e todos e quaisquer efeitos da sentença condenatória, sejam principais ou secundários.[6]

Não há pena (efeito principal), nem inscrição no rol dos culpados, nem fixação do pressuposto da reincidência, nem eventual pagamento de custas (efeitos secundários).

Tem-se entendido que o juiz não deve declarar a prescrição retroativa na própria sentença, pois ainda não decorreu o prazo recursal da acusação.

Mas, após o trânsito em julgado para a acusação, pode o juiz declarar a prescrição retroativa? As opiniões divergem.

Uns são contra, entendendo que a prescrição retroativa não pode ser reconhecida em primeiro grau, pois, após a sentença, o juiz do processo já exauriu sua jurisdição, e o juiz da execução só trata da prescrição da pretensão executória (Damásio, Mirabete).

Para outros, porém, a prescrição retroativa pode ser reconhecida em primeiro grau, pois ela rescinde a sentença e todos os seus efeitos. A prescrição é de ordem pública. "Em qualquer fase do processo, o juiz, se reconhecer extinta a punibilidade, deverá declará-lo de ofício" (art. 61 do CPP) (Silva Franco, Luiz Flávio Gomes) (*RT* 633/312; *PJ* 20/266).

Parece mais adequada a segunda corrente. Se o juiz do processo não declarar a prescrição retroativa de ofício, caberá *habeas corpus*, figurando ele como autoridade coatora, posição que ninguém é obrigado a adotar. Não se pode exigir também que o réu fique no aguardo do juiz de execução, pois antes de trânsito em julgado não há juiz de execução.

7.1 Prescrição retroativa. Reconhecimento antecipado proibido

Outrora, alguns julgados admitiam o reconhecimento da prescrição retroativa mesmo antes da sentença condenatória, pois não haveria justa causa para continuar a ação penal quando já escoado o lapso prescricional referente à pena que provavelmente seria aplicada, no caso de condenação.

---

6. *RT* 644/377, 648/306.

150   RESUMO DE DIREITO PENAL

Ocorrendo este lapso, não haveria sentido no prosseguimento do feito, vez que, mesmo sobrevindo sentença condenatória, a punibilidade seria declarada extinta.

Entretanto, a Súmula 438 do STJ proibiu este reconhecimento antecipado: "É inadmissível a extinção da punibilidade pela prescrição da pretensão punitiva com fundamento em pena hipotética, independentemente da existência ou sorte do processo penal".

8. Prescrição da pretensão executória

A *prescrição da pretensão executória*, ou prescrição da pena, verifica-se após o efetivo trânsito em julgado da sentença condenatória (para ambas as partes), regulando-se pela pena imposta (pena em concreto) (art. 110, *caput*, do CP).

Esta prescrição tem como consequência apenas a extinção da pena, ficando de pé os demais efeitos secundários da sentença condenatória, como a inscrição no rol dos culpados, a fixação do pressuposto da reincidência e o eventual pagamento de custas.

Embora surja apenas depois do efetivo trânsito em julgado, para a acusação e para a defesa, é necessário fixar bem que o prazo da prescrição da pretensão executória conta-se a partir do dia em que transitou em julgado a sentença condenatória para a acusação, ou a que revogou a suspensão condicional da pena ou o livramento condicional (art. 112, I, do CP).

Como já foi observado em trabalho anterior de Maximiliano Roberto Ernesto Fuhrer, "o prazo, neste caso, tem como termo inicial o trânsito em julgado para a acusação ou a revogação da suspensão condicional da pena ou do livramento condicional, assim como a data da interrupção da execução da pena (art. 112).

"Mas, o pressuposto básico é o trânsito em julgado para ambas as partes, pois, antes deste, a prescrição é a da pretensão punitiva (retroativa ou superveniente).

"Alberico é condenado definitivamente a 8 anos de reclusão em 1º.1.88. Entretanto, o trânsito em julgado para a acusação ocorreu em 3.1.87. Em 2.1.99 (prescrição de 12 anos) ocorrerá a prescrição da pretensão executória, não podendo mais o Estado executar a pena" ("Prescrição penal – Apontamentos" (artigo), 1989, in *RT* 640/267).

PRESCRIÇÃO 151

PRESCRIÇÃO PENAL		
PRESCRIÇÃO DA PRETENSÃO PUNITIVA (Prescrição da ação)		
Propriamente dita (art. 109 do CP)	*Superveniente* (art. 110, § 1º, do CP)	*Retroativa* (art. 110, § 1º, do CP)
– ocorre antes de proferida a sentença – impede o conhecimento do mérito – calcula-se pela pena em abstrato	– ocorre depois de proferida a sentença – trânsito em julgado para a acusação mas não para a defesa – exclui a pena imposta e todos os efeitos da condenação – calcula-se pela pena em concreto	– igual à superveniente – só que aplicada a período anterior à sentença – calcula-se pela pena em concreto
PRESCRIÇÃO DA PRETENSÃO EXECUTÓRIA (Prescrição da pena) art. 110, *caput*, do CP		
– tem por pressuposto o efetivo trânsito em julgado da sentença condenatória, para ambas as partes (art. 110 do CP) – mas o termo inicial da contagem é a data do trânsito em julgado para a acusação (art. 112, I, do CP) – exclui a pena, mas não os efeitos secundários da condenação – calcula-se pela pena em concreto		

Observação: são *imprescritíveis* os crimes de racismo (art. 5º, XLII, da CF) e os praticados por grupos armados, civis ou militares, contra a ordem constitucional e o Estado Democrático (art. 5º, XLIV, da CF).

9. Medida de segurança e prescrição

Nos termos do art. 96, parágrafo único, do Código Penal, extinta a punibilidade, não se impõe medida de segurança, nem subsiste a que tenha sido imposta.

Tratando-se de extinção da punibilidade pela prescrição, a prescrição será a da pena privativa de liberdade e não da medida de segurança, vez que esta se exclui por via indireta. Prescrita a pena, não se impõe medida de segurança (*RT* 601/307, 623/292).

Nos casos de inimputabilidade do agente (art. 26 do CP), ou de semi-imputabilidade (art. 26, parágrafo único, do CP), a medida de segurança,

152 RESUMO DE DIREITO PENAL

como vimos, pode ou deve ser aplicada em substituição à pena privativa de liberdade (arts. 96 a 99 do CP).

Se a prescrição ocorrer antes da sentença (prescrição da pretensão punitiva, propriamente dita), o cálculo deverá ser feito pelo máximo de pena cominada (prescrição pela pena em abstrato) (art. 109 do CP).

Nos demais tipos de prescrição (superveniente, retroativa e executória) há que distinguir se a sentença, antes de efetuar a substituição pela medida de segurança, indicou ou não a pena que seria aplicável.

Se a sentença consignou a pena aplicável, antes de fazer a substituição pela medida de segurança, a prescrição deverá ser calculada pela pena indicada (pena em concreto). Mas, se o juiz não indicou a pena aplicável, efetuando desde logo a substituição pela medida de segurança, ter-se-á então de usar como índice a pena mínima cominada. Porque não se pode inferir que a pena fosse superior nem inferior ao mínimo legal.

10. Prescrição da pena de multa

Se a pena de multa é a única cominada ou foi aplicada em substituição (art. 60, § 2º), opera-se a prescrição em dois anos (art. 114, II, do CP).

Se a pena de multa for prevista juntamente com pena privativa de liberdade, cumulativa ou alternativamente, o prazo de prescrição da multa será idêntico ao prazo de prescrição da pena corporal (art. 114, II, do CP).

Todavia, se o condenado cumpriu a pena privativa de liberdade, mas não a pena pecuniária, o prazo de prescrição da multa inicia-se no término do cumprimento da pena privativa de liberdade, vez que durante o cumprimento da pena não corre prescrição.

Por outro lado, se o condenado fugir durante o cumprimento da pena privativa de liberdade e não for recapturado, opera-se a prescrição da multa juntamente com a pena privativa de liberdade. Porque, neste caso, a prescrição é regulada pelo tempo que resta da pena (art. 113 do CP) e porque as penas mais leves prescrevem com as mais graves (art. 118 do CP).

O prazo da prescrição da pena de multa é interrompido pelo despacho do juiz que determina a citação para pagamento (art. 8º, § 2º, da L

PRESCRIÇÃO 153

6.830/80) e fica suspenso enquanto estiver suspenso o processo de execução (art. 40 da mesma lei).[7]

11. Concurso material de delitos e prescrição

No concurso material de delitos (art. 69 do CP), a prescrição ocorre isoladamente, em relação a cada crime, como se concurso não houvesse.

"No caso de concurso de crimes, a extinção da punibilidade incidirá sobre a pena de cada um, isoladamente" (art. 119 do CP).

12. Concurso formal de delitos e prescrição

No concurso formal de delitos (art. 70 do CP), a prescrição da pretensão punitiva propriamente dita também se opera em relação a cada crime isoladamente, como se concurso não houvesse (art. 119 do CP), tendo-se por base a pena máxima cominada (pena em abstrato).

Após a sentença, a prescrição superveniente, a retroativa e a executória terão por base a pena imposta (pena em concreto), desprezando-se, porém, para efeitos de prescrição, o acréscimo de pena, característico do concurso formal (o acréscimo de um sexto até a metade, previsto no art. 70 do CP). Leva-se em consideração somente a pena singela aplicada, sem o acréscimo (*RT* 508/304, 571/335, 604/383; *PJ* 25/262).

13. Crime continuado e prescrição

No crime continuado (art. 71 do CP), a prescrição da pretensão punitiva propriamente dita também se opera pelo máximo da pena de cada crime, isoladamente, como se concurso não houvesse (art. 119 do CP).

E, do mesmo modo como ocorre no concurso formal, uma vez dada a sentença, a prescrição superveniente, a retroativa e a executória terão por base a pena imposta, desprezado o acréscimo pela continuação.

"Quando se tratar de crime continuado, a prescrição regula-se pela pena imposta na sentença, não se computando o acréscimo decorrente da continuação" (Súmula 497 do STF) (*RT* 593/322, 597/350, 627/349).

7. A L 9.268/96 determinou que se aplicassem as normas da legislação da Dívida Ativa da Fazenda Pública para a multa penal, inclusive no que se refere às causas interruptivas e suspensivas da prescrição.

154 RESUMO DE DIREITO PENAL

14. Crime permanente e prescrição

No delito permanente, o lapso prescricional começa a fluir a partir da cessação da permanência (*RT* 634/298).

15. Reincidência e prescrição

A reincidência declarada na sentença acarreta o acréscimo de 1/3 no prazo da prescrição da execução (art. 110, última parte, do CP) (*aumento do prazo*).[8]

A prática de crime posterior interrompe a prescrição (art. 117, VI, do CP), a partir do trânsito em julgado da nova condenação, ou, segundo outra corrente, a partir do novo fato (*interrupção do prazo*).

A reincidência, portanto, pode aumentar o prazo da prescrição (no caso do art. 110 do CP), ou interromper o seu curso (art. 117, VI, do CP).

16. Anulação de sentença anterior e prescrição

"Transitada em julgado para a acusação a sentença condenatória, se esta vier a ser mais tarde anulada, não se pode impor ao réu pena mais grave que a estabelecida anteriormente, para evitar-se *reformatio in pejus*, prevalecendo ela, portanto, para efeito de prescrição" (*RT* 605/404).[9]

A pena que havia sido dada na sentença anterior anulada passa a ser o máximo da pena cominável, ou seja, a pena anterior funciona como pena *em abstrato* em relação à sentença nova.

"A pena anterior se transforma em pena *in absctrato*" (*JTACrimSP* 85/124). Para evitar a chamada "*reformatio in pejus*" indireta.

8. O acréscimo de 1/3, pela reincidência, no prazo de prescrição, portanto, refere-se apenas à prescrição da execução e não à prescrição da ação.

"A reincidência não influi no prazo de prescrição da pretensão punitiva" (Súmula 220 do STJ).

9. No mesmo sentido: *RT* 581/342, 587/349, 609/295, 631/284 e 636/364; *RJTJESP* 110/518 e 114/554; *JTACrimSP* 85/124, 88/295, 92/226 e 93/365 e *PJ* 17/321, 23/276, 27/250 e 29/272 (proibição unânime da "*reformatio in pejus*" indireta).

Entretanto, no que se refere às decisões do Tribunal do Júri, divergem as opiniões.

Uma corrente proíbe também no Júri a "*reformatio in pejus*" indireta, considerando inadmissível o agravamento da pena no julgamento posterior, após a anulação do anterior (*RT* 630/280).

Outra corrente entende que a nova decisão não se vincula à anterior, no que se refere ao limite da pena, ante a soberania do Júri e porque a sentença anterior não foi exasperada mas invalidada pela anulação (*RT* 631/36, 701/394).

PRESCRIÇÃO

Com referência ao assunto, fala-se também em *efeitos prodrômicos* da sentença anterior. "Anulado o processo, a nova pena a ser aplicada terá que ser da mesma espécie e não poderá ser superior, pelos efeitos prodrômicos da sentença" (*JTACrimSP* 92/226 e 93/365).

Prodrômico é o que se refere aos pródromos. E pródromos são as preliminares ou preâmbulos, que antecedem ou dão início a alguma coisa.

A sentença anterior, portanto, no que se refere ao máximo da pena, como que já faz parte da sentença posterior, em face dos seus efeitos prodrômicos (ou prenunciadores).

17. Pedido do réu para o afastamento da prescrição e consequente julgamento pelo mérito

Os tribunais não têm atendido a pedido de réu que deseja o julgamento pelo mérito, com o afastamento da prescrição.

"Se foi julgada extinta a punibilidade pela prescrição da própria pretensão punitiva, desaparece o interesse da ré ao exame do pedido de absolvição contido na apelação" (*RT* 630/366 e 638/337).

Porque se entende que a prescrição da pretensão punitiva, além de ser de ordem pública, decretável de ofício, extingue a pena e todos os efeitos principais ou secundários de eventual condenação, sendo como que equivalente à absolvição.

A prescrição exclui a possibilidade de condenação (ainda que a pedido do réu). E exclui também qualquer possibilidade de julgamento de mérito, pois não pode julgar quem, julgando, só poderia absolver.

18. Detração e prescrição

V. *Detração*, cap. VI (*Das Penas*), item 10.

19. Crime falimentar e prescrição

19.1 Regime do Decreto-lei 7.661/45

A Lei de Falências atual é a Lei 11.101, de 9.2.2005, que entrou em vigor no dia 9.6.2005, 120 dias após sua publicação.

Contudo, as falências decretadas antes da vigência da lei nova seguem a lei anterior (DL 7.661/45), salvo algumas exceções expressas, até

156 RESUMO DE DIREITO PENAL

sua conclusão, inclusive no que se refere às disposições penais, como determina o art. 192 da lei atual.

Assim, neste item 19-A abordamos o regime da lei anterior (válido para as falências anteriores), seguindo-se o item 19-B, para as falências decretadas na vigência da lei atual, e o item 19-C, referente a aspectos de direito intertemporal.

Nos termos do art. 199, *caput*, *do* DL 7.661, de 21.6.45, a prescrição do crime falimentar é sempre de dois anos, não importando o máximo da pena cominada (pena em abstrato), nem a pena imposta na sentença (pena em concreto).[10]

E, de acordo com o parágrafo único do art. 199, o prazo prescricional começa a correr da data em que transitou em julgado a sentença que encerrar a falência ou que julgar cumprida a concordata.

Mas o parágrafo único do art. 199 encontra-se ligeiramente modificado pela jurisprudência, condensada na Súmula 147 do STF.[11]

Além disso, devemos separar três hipóteses distintas: 1ª) a prescrição dos crimes antefalimentares; 2ª) a prescrição dos crimes pós-falimentares; 3ª) a prescrição da pretensão executória.

Os *crimes antefalimentares* são os praticados antes da decretação da falência, como, por exemplo, a irregularidade dos livros obrigatórios, a simulação de capital ou o desvio de bens.

Nos crimes antefalimentares, a prescrição opera-se em dois anos, contados da data em que deveria estar encerrada a falência (Súmula 147 do STF).

Como há uma demora habitual no encerramento das falências, cristalizou-se a jurisprudência no sentido de iniciar a contagem do prazo prescricional de crime falimentar não a partir do trânsito em julgado da sentença de encerramento, mas a partir da data em que a falência deveria estar encerrada, nos termos do art. 132, § 1º, da Lei de Falências.

Dispõe o art. 132, § 1º, da Lei de Falências que a falência deve estar encerrada em dois anos depois do dia da declaração, salvo caso de for-

---

10. Art. 199 da Lei de Falências: "A prescrição extintiva da punibilidade de crime falimentar opera-se em dois anos.

"Parágrafo único. O prazo prescricional começa a correr da data em que transitar em julgado a sentença que encerrar a falência ou que julgar cumprida a concordata."

11. A prescrição de crime falimentar começa a correr da data em que deveria estar encerrada a falência ou do trânsito em julgado da sentença que a encerrar ou que julgar cumprida a concordata.

PRESCRIÇÃO

ça maior.[12] Assim, nos crimes antefalimentares, a fórmula mnemônica da prescrição seria a seguinte: (2 + 2 = 4) (2 anos aguardando o encerramento e mais 2 anos para a prescrição, totalizando 4 anos da decretação da falência). Esta é a hipótese mais comum de prescrição em matéria de crime falimentar.

Contudo, se a falência se encerrar antes de dois anos, a prescrição (de dois anos) contar-se-á do trânsito em julgado da sentença de encerramento, nos termos do art. 199, parágrafo único, da Lei de Falências.

Crimes pós-falimentares são os praticados depois de declarada a falência, ou seja, entre a declaração e o encerramento da falência, como o desvio de bens, a destruição de livros, o reconhecimento, como verdadeiros, de créditos falsos etc.

Nos crimes pós-falimentares pode haver duas hipóteses.

Se o crime foi cometido antes de transcorridos dois anos da decretação da falência, a contagem do prazo de prescrição será idêntica aos crimes antefalimentares, isto é, prescrição de dois anos, a partir da data em que a falência deveria estar encerrada.

Mas se o crime pós-falimentar foi praticado depois da data em que a falência devia estar encerrada, não existe possibilidade de se conjugar o art. 199, parágrafo único, com o art. 132, § 1º, da Lei de Falências, como se faria com a aplicação da Súmula 147 do STF.

Neste caso, então, a prescrição terá de ser contada mesmo a partir do trânsito em julgado da sentença que encerrar a falência, não havendo como se favorecer o agente com tese mais benigna.

Finalmente, no que se refere à *prescrição da pretensão executória*, que surge após a sentença de condenação, o prazo de dois anos deve contar-se a partir do trânsito em julgado da sentença condenatória para a acusação, nos termos do art. 112, I, do Código Penal.

As causas que interrompem a prescrição, previstas no art. 117 do Código Penal, como o recebimento da denúncia, aplicam-se também aos crimes falimentares (*RT* 536/306, 539/269, 546/343, 566/308, 594/315, 596/325, 604/472 e 606/447) (Súmula 592 do STF).

---

12. Art. 132, § 1º, da LF: "Salvo caso de força maior, devidamente provado, o processo de falência deverá estar encerrado dois anos depois do dia da declaração".

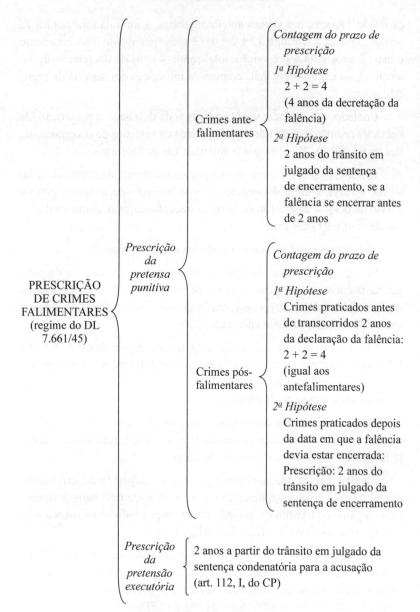

PRESCRIÇÃO

19.2 Regime novo, da Lei 11.101/2005

De acordo com a nova regulamentação, nas falências decretadas após a entrada em vigor da Lei 11.101/2005 a prescrição dos crimes falimentares rege-se pelas disposições do Código Penal.

O prazo prescricional começa a correr do dia da decretação da falência, da concessão da recuperação judicial ou da homologação do plano de recuperação extrajudicial (L 11.101/2005, art. 182), sendo que a falência interrompe as prescrições iniciadas pelos outros fatores mencionados (art. 182, parágrafo único).

19.3 Direito intertemporal

A prescrição é matéria de direito material, sujeitando-se às regras da lei penal no tempo.

Pelo princípio da retroatividade da lei mais benéfica e da irretroatividade da lei mais grave, deve-se aplicar, nos crimes e na prescrição destes, a lei mais favorável ao acusado (CF, art. 5º, XL; CP, art. 2º, parágrafo único).

ESTUDOS ESPECIAIS

1. O funcionalismo do Direito Penal – 2. Teoria da imputação objetiva: *2.1 Considerações gerais – 2.2 Critérios da imputação objetiva – 2.3 Critérios de atribuição – 2.4 Critérios de exclusão – 2.5 Alguns casos citados pelos autores –* **3. Garantismo Penal – 4. Direito Penal do Inimigo – 5. A Teoria do Bem Jurídico, de Claus Roxin – 6. Teoria da Estabilização do Sistema, de Günther Jakobs.**

1. O FUNCIONALISMO DO DIREITO PENAL

O *funcionalismo* é uma tendência doutrinária em construção, de inspiração e dominação alemã, que agrupa várias subdivisões, algumas delas, até, antagônicas. As principais são as encabeçadas pelos mestres Claus Roxin e Gunther Jacobs. Por isto, é comum dizer que não existe um, mas, sim, vários *funcionalismos*.

De modo geral, seus seguidores relegam o estudo da conduta humana típica para segundo plano, importando-se especialmente com a finalidade do Direito Penal, que seria o de proteger bens jurídicos.

Assim, todos os seus institutos devem ser pensados funcionalmente (devem ser funcionalizados), através de uma valoração político-criminal, para que alcancem o máximo de eficiência nesta missão garantidora (preventiva). A este desempenho, os funcionalistas dão o nome de *rendimento*.

Repelida qualquer ideia de retribuição, a pena visaria exclusivamente a evitar o cometimento de novos atentados aos bens protegidos, através da prevenção geral positiva (confirmar as convicções legalistas entre os cidadãos comuns) e da prevenção especial, tanto positiva (ressocialização do criminoso) como negativa (retirada do meio social).

O enfoque do dolo deixa de ser a finalidade (de praticar a conduta típica ou assumir tal risco), para se fixar na tomada de posição contra o bem jurídico tutelado (criação de risco não socialmente permitido). Muitos funcionalistas adotaram a tese do tipo total do injusto, que conteria, implicitamente, a negativa das justificativas de antijuridicidade.

162 RESUMO DE DIREITO PENAL

Embora atue em vários setores do Direito Penal, o funcionalismo ainda não logrou produzir mudanças palpáveis. O escaninho que mais se aproxima disto é a *teoria da imputação objetiva*, que tenta inovar os fundamentos do nexo de causalidade, como se verá a seguir.

2. TEORIA DA IMPUTAÇÃO OBJETIVA

2.1 Considerações gerais

Existe uma dogmática penal denominada "imputação objetiva", em fase de construção ou consolidação, não adotada até o momento pelo legislador. Vem sendo elaborada há tempos, com incremento na última década, na Alemanha e na Espanha, com repercussão em países da América do Sul, sendo também divulgada no Brasil.

A teoria foge um tanto dos padrões do Direito Penal. Parece construir suas teses a partir dos delitos culposos e de omissão, para depois estender-se aos delitos dolosos e de resultado, quando o contrário é que costumava ser aplicado.

A imputação objetiva, para os adeptos dessa tese, seria um elemento normativo implícito em todos os tipos penais,[1] com a função de avaliar se determinado fato deve ou não ser atribuído ao agente, de acordo com critérios jurídicos e sociais. Serviria para limitar a responsabilidade nas condutas socialmente aceitas, irrelevantes, inofensivas ou acidentais. E também para impedir que se leve ao infinito a linha dos nexos causais sucessivos.

A imputação objetiva não se prende aos aspectos naturalísticos da ação, mas ao exame da conduta em relação ao objeto jurídico, ou seja, à existência ou não de lesão ao bem ou interesse protegido pela norma.[2] Por isso abrange todos os tipos penais, culposos, dolosos, comissivos, omissivos, formais e de mera conduta, uma vez que em todos pode haver um resultado no sentido de lesão do objeto jurídico, ainda que ausente, no tipo, a exigência de um resultado naturalístico.

Diz-se objetiva a imputação porque "não se mede de acordo com as capacidades e conhecimentos do autor concreto, mas de acordo com um

---

1. Elementos normativos do tipo são os que exigem uma avaliação de seu significado jurídico ou social, como os conceitos de "documento", "mulher honesta", "indevidamente", "sem justa causa" etc.

2. *Objeto jurídico* é o bem ou interesse, social e abstrato, que a norma visa a proteger. No homicídio, por exemplo, o objeto jurídico é a vida. No furto, o patrimônio. *Objeto material* é a coisa ou pessoa sobre a qual recai concretamente o resultado físico da ação. No homicídio, o objeto material é o corpo da vítima. No furto, a coisa furtada.

TEORIA DA IMPUTAÇÃO OBJETIVA   163

critério geral, objetivo, do homem inteligente-prudente (...)" (Larrauri, *La Imputación Objetiva*, p. 70).

2.2 Critérios da imputação objetiva

A imputação objetiva propõe duas séries de critérios. A primeira série estipula as situações em que uma conduta e/ou um resultado devem ser atribuídos ao agente (critérios de atribuição). A segunda série, paralela, e oposta, trata das situações em que o fato não deve ser atribuído ao agente (critérios de exclusão). A primeira série é incriminadora. A segunda, de acordo com a maioria, exclui o tipo penal, ou, de acordo uma corrente minoritária, não exclui o tipo penal, mas a antijuridicidade.

Antes da aplicação dos critérios normativos da imputação objetiva impõe-se necessariamente o exame do nexo causal naturalístico. Nos crimes de resultado a relação de causalidade é um pressuposto da imputação objetiva (Larrauri, *La Imputación Objetiva*, p. 65).

2.3 Critérios de atribuição

Os critérios de atribuição são três: a) criação de um risco não permitido; b) realização do risco não permitido; c) resultado dentro do alcance do tipo.

A) *Criação de um risco não permitido*: na sociedade moderna há riscos permitidos, como guiar um automóvel ou pilotar um avião, atividades que envolvem riscos naturais. Se o risco se mantiver dentro dos padrões costumeiros, nada há a atribuir ao agente. Mas se a conduta criou um risco novo, ou ampliou o risco habitual, deve o fato ser atribuído ao agente, a título de culpa ou de dolo, conforme o caso.

A teoria considera que nos delitos dolosos, propositais, também é criado um risco para o objeto jurídico, ou seja, para o bem ou interesse protegido pela norma. A diferença é que no dolo o exame do fato é mais simples. "Os riscos que são criados de modo doloso são habitualmente (ainda que nem sempre) tão grandiosamente descuidados que resultam desnecessárias ulteriores disposições, enquanto que em matéria de trânsito, por exemplo, o que está permitido e ocorre de modo não muito frequente deve ser analisado com maior exatidão e cuidado, por se tratar de um fato culposo" (Jakobs, *A Imputação Objetiva no Direito Penal*, p. 39).

Realização do risco não permitido: para adquirir relevância, a conduta do agente deve ter lesado o objeto jurídico correspondente ao risco criado. Se, apesar da ocorrência do fato, o objeto jurídico visado não foi

164 RESUMO DE DIREITO PENAL

atingido, não há tipicidade (ou, de acordo com outros, não há antijuridicidade). "O evento jurídico deve ser plasmado pelo risco causado pelo autor.
Se produzido por outros riscos, como pela conduta de um terceiro, pela
própria vítima ou por força da natureza, há exclusão da imputação objetiva" (Damásio, *Imputação Objetiva*, p. 83).

Caracteriza-se a tentativa quando o risco criado deixa de realizar-se
por circunstâncias alheias à vontade do agente.

Resultado dentro do alcance do tipo: como critério complementar, o resultado deve estar dentro do campo previsível, ou usual, de proteção da norma. Acontecimentos colaterais surpreendentes, advindos da ação de outrem,
ou da própria vítima, ou de caso fortuito ou força maior, não podem ser atribuídos ao agente. Uma pessoa, por exemplo, ao ver um acidente de veículos,
corre para socorrer os feridos, sendo por sua vez atropelada por outro veículo.
O causador do primeiro acidente não responde pelo segundo acidente.

2.4 Critérios de exclusão

De acordo com a teoria da imputação objetiva, os seguintes critérios,
entre outros, excluem a atribuição da conduta ou do resultado ao agente:

A) *Risco permitido ou não desaprovado*: não se atribui o fato ao agente se o risco criado estiver dentro dos padrões habituais, aceitos pela sociedade.

"No âmbito do risco socialmente tolerado, pode-se reconhecer o funcionamento do transporte viário, ferroviário, aéreo, marítimo-fluvial, bem
como a prática dos esportes ditos radicais, o funcionamento de instalações
industriais e as intervenções médico-curativas sempre que forem observa-
das as regras pertinentes" (Galvão, *Imputação Objetiva*, p. 59).

B) *Risco irrelevante*: não se atribuem riscos irrelevantes. O critério
baseia-se no princípio da insignificância ou nos crimes de bagatela. No
furto de um pano de prato, ou de um cinto estragado, por exemplo, é prati-
camente nula a lesão do patrimônio (objeto jurídico).

C) *Diminuição do risco*: não deve haver atribuição se o agente causou um dano para evitar mal maior para a vítima. Exemplo da espécie:
"no contexto de uma ação de salvamento, o agente empurra energicamente
pessoa que iria receber um golpe na cabeça, conseguindo que esta dele se
esquive, mas que em consequência do empurrão cai ao solo, lesionando-
-se" (Galvão, *Imputação Objetiva*, p. 96).

TEORIA DA IMPUTAÇÃO OBJETIVA 165

D) Princípio da confiança: o agente não deve ser responsabilizado se a sua ação baseou-se na crença de que outrem agiria certamente de determinada forma, ou de que todas as pessoas seriam razoavelmente responsáveis.

"No campo da Medicina tem tido grande aplicação este princípio. (...). O médico que dirige uma operação pode confiar que o corpo auxiliar cumprirá cabalmente suas funções. Não existe responsabilidade de sua parte se, por exemplo, opera com material que não estava devidamente esterilizado" (López Díaz, *Introducción a la Imputación Objetiva*, p. 123).

E) Proibição de regresso: não se pode responsabilizar uma ação anterior lícita pela posterior ocorrência de uma ação ilícita de outrem, embora relacionadas.

"Um comportamento, que de modo invariavelmente considerado é inofensivo, não constitui participação em uma atividade não permitida" (Jakobs, *A Imputação Objetiva no Direito Penal*, p. 27).

"Ao presidente da montadora de automóveis não são atribuídas as mortes no trânsito" (Damásio, *Imputação Objetiva*, p. 49).

F) Ações a próprio risco: não deve haver atribuição, pela criação do risco, quando a vítima participa deliberadamente do fato. "É o que ocorre, por exemplo, quando alguém decide ir como passageiro num veículo cujo condutor não está em condições de comportar-se adequadamente no tráfego, devido ao seu estado de embriaguez" (Alvarado, *Imputación Objetiva*, p. 167).

IMPUTAÇÃO OBJETIVA

CRITÉRIOS DE ATRIBUIÇÃO	CRITÉRIOS DE EXCLUSÃO
Criação de risco não permitido	Risco permitido
Realização do risco	Risco irrelevante
Resultado dentro do alcance do tipo	Diminuição do risco
	Princípio da confiança
	Proibição de regresso
	Ações a próprio risco

2.5 Alguns casos citados pelos autores

O sobrinho ganancioso: "A", sobrinho e herdeiro de "B", propicia a este uma viagem de avião, na esperança de que o avião caia e o tio venha

166 RESUMO DE DIREITO PENAL

a morrer, o que efetivamente ocorre. Opinou-se que a conduta do sobrinho não criou um risco não permitido, uma vez que viagens de avião envolvem riscos naturais (Larrauri, *Imputación Objetiva*, p. 82).

A hipótese também admite a aplicação da excludente do não aumento do risco, bem como a das ações a próprio risco.

Atropelamento muito posterior ao avanço de um sinal: um condutor de veículo avança um sinal vermelho de trânsito e nada acontece. Um quilômetro depois, porém, vem a atropelar um pedestre. Se o motorista não tivesse avançado previamente o sinal, o período de tempo de sua marcha teria sido prolongado e o veículo não passaria pelo local do atropelamento no instante em que este ocorreu. O avanço do sinal faria parte do risco não permitido? Não faz parte, pois a imputação objetiva "somente poderá ocorrer com fundamento em outra conduta do motorista, verificada no instante em que se aproximou do pedestre" (Galvão, *Imputação Objetiva*, p. 76).

Pelos de cabra: um comerciante importou da China pêlos de cabra para a fabricação de pincéis, sendo advertido de que deveria desinfetá-los. Não procedeu à desinfecção e algumas empregadas vieram a morrer por causa de um bacilo (carbunco) contido nos pêlos. Verificou-se, porém, não haver certeza de que a desinfecção eliminaria o problema.

Concluiu-se, por isso, pela exclusão da atribuição, por não ter havido aumento do risco não permitido (López Díaz, *Introducción a la Imputación Objetiva*, pp. 180-181).

Os três ciclistas: dois ciclistas seguiam sem luz, na obscuridade, um atrás do outro. Um terceiro ciclista veio de frente e se chocou com o primeiro. A conduta irregular do segundo ciclista, sem luz, aumentou o perigo de acidente para o primeiro ciclista. Mas o resultado não é imputável ao segundo ciclista, de acordo com Roxin, porque "a esfera de proteção da norma que impõe o dever de iluminar o caminho só se estende aos riscos de acidentes que procedam da própria bicicleta" (Larrauri, *Imputación Objetiva*, pp. 94-95).

O fugu assassino: no Japão há um peixe chamado "fugu", muito apreciado, mas de consumo perigoso, pois deve-se remover previamente um poderoso veneno contido nas suas glândulas. A ingestão do veneno é quase sempre fatal, circunstância, porém, que não tem afastado inúmeros apreciadores do prato. Uma esposa, desejando a morte do marido, incentiva-o a comer fugu com frequência, em restaurantes, e um dia, no descuido do cozinheiro com a remoção do veneno, dá-se o envenenamento, e a morte do marido.

GARANTISMO PENAL

"A conduta da esposa (induzimento à ingestão do fugu) não causou um perigo tipicamente relevante à vida do marido, que foi perdida no plano do tráfego social, em que há risco juridicamente permitido, ocorrendo o resultado no decorrer costumeiro das coisas. Além disso, ela não tinha domínio sobre a atividade do cozinheiro do restaurante. Solução: inexistência de crime de homicídio por atipicidade da conduta" (Damásio, *Boletim IBCCrim* 86/13).

Em resumo. A imputação objetiva é uma teoria em desenvolvimento, de inspiração alemã, que tenta explicar o mecanismo de atribuição de um fato típico a alguém. Entende que todos os crimes são de resultado, porquanto ferem o objeto jurídico tutelado pela lei penal. A imputação do crime depende de alguns critérios de inclusão e de exclusão, que se referem principalmente à criação ou agravamento de um risco, não permitido, para o objeto jurídico.

Essa teoria, até o momento, não foi adotada pelo legislador.

3. GARANTISMO PENAL

O Estado moderno caracteriza-se por um arcabouço jurídico capaz de ordenar a vida em sociedade e de garantir o cidadão contra os eventuais abusos do Poder Estatal. A esta figura comumente atribui-se a denominação de *Estado de Direito*; o Estado submetido ao Direito e com Poderes divididos, estruturados e harmônicos.

Na segunda metade do século XX, consolidou-se a ideia de que o Estado deveria também ser um garantidor efetivo do pluralismo humano nas suas múltiplas manifestações e nas suas inevitáveis diferenças individuais. A necessidade do componente democrático foi a base para o conceito atual de *Estado Democrático de Direito*, por vezes denominado simplesmente de *Estado Constitucional*.

No dizer seguro de Alexandre de Moraes, o *Estado Constitucional* é mais do que o Estado de Direito, é também o Estado Democrático.[3]

Difundiu-se rapidamente pelo mundo o movimento conhecido como *Constitucionalismo Moderno* cuja técnica consiste em se servir da supremacia da norma constitucional como efetiva ferramenta de controle do poder estatal e de respeito ao pluralismo humano.

A ideia mestra é fazer com que os mandamentos constitucionais garantidores dos Direitos Fundamentais sejam efetivamente operantes tanto

3. *Direito Constitucional*, 24ª ed., p. 6.

168   RESUMO DE DIREITO PENAL

na elaboração da lei, pelo Poder Legislativo, como na sua aplicação e interpretação, pelo Poder Judiciário.

Neste tom, o penalista italiano Luigi Ferrajoli[4] elaborou o modelo denominado de *Garantismo Penal,* pelo qual a lei infraconstitucional não pode impor restrições a Direito Fundamental ou obrigar a determinados comportamentos que não estejam previstos na Constituição. Assim, os direitos fundamentais constantes da norma fundamental limitam efetivamente a lei ordinária, tanto de forma positiva como negativa.

Ferrajoli reuniu 10 axiomas enunciados em latim, que sintetizariam o Modelo Garantista ou de Responsabilidade Penal, de acordo com sua linha de pensamento.

1. *Nulla poena sine crimine* ou Princípio da Retributividade, que exige a existência de crime para imposição de pena;

2. *Nullum criminen sine lege* ou Princípio da Legalidade, tomado em seu sentido lato e no sentido estrito;

3. *Nulla lex (poenalis) sine necessitate* ou Princípio da Necessidade, que se relaciona ao uso econômico do Direito Penal. Somente deve atuar o Direito Penal nas lesões graves a bens jurídicos importantes e quando os demais mecanismos de controle social se mostrarem ineficazes;

4. *Nulla necessitas sine injuria* ou Princípio da Lesividade, que impõe o juízo de ofensividade do evento;

5. *Nulla injuria sine actione* ou Princípio da Materialidade, que se relaciona ao aspecto exterior da ação criminosa;

6. *Nulla actio sine culpa* ou Princípio da Culpabilidade, que impõe a estrita responsabilização pessoal;

7. *Nulla culpa sine judicio* ou Princípio da Jurisdicionalidade da lide penal;

8. *Nullum judicium sine accusatione* ou Princípio Acusatório, onde o órgão acusador é diverso daquele a que se atribui o julgamento da causa.

9. *Nulla accusatio sine probatione* ou Princípio do Ônus da Prova, que impõe ao órgão acusador a obrigação de provar cumpridamente a imputação;

4. *Diritto e Ragione,* de 1989.

DIREITO PENAL DO INIMIGO — 169

10. *Nulla probatio sine defensione* ou Princípio do Contraditório, onde se exige a atuação ampla do defensor e de todos os meios inerentes à ampla defesa.

Como se vê, o modelo de Ferrajoli abrange tanto os critérios políticos para elaboração e aplicação da lei, como também as garantias inerentes ao Processo Penal.

4. DIREITO PENAL DO INIMIGO

"Denomina-se Direito o vínculo entre pessoas que são por sua vez titulares de direitos e obrigações, ao passo que as relações com o inimigo não se determinam pelo Direito, mas sim pela coação".

Com esta afirmação, o penalista alemão Gunther Jakobs inicia a sua sugestão para que determinados criminosos recebam do Estado um tratamento diferenciado, sem as garantias franqueadas às pessoas normais e aos criminosos eventuais. Contra tais seres não caberia verdadeiramente um processo penal, mas sim um procedimento ou atividade de guerra. Aquele que não admite a obrigação de entrar no estado de cidadania não pode participar dos benefícios do conceito de pessoa.[5]

É o "Direito Penal do Inimigo", cujo arcabouço filosófico aproveita algumas lições de Kant, Rousseau, Fichte e especialmente Hobbes sobre aquele homem que rompe com o contrato social em tal medida que perde seus direitos de cidadão e de ser humano.

Ora, na verdade, todo criminoso rompe com a ordem social de forma grave, tanto que sua conduta foi tipificada penalmente pelo legislador. Então, o grande problema consiste em definir quem seria esse "inimigo".

Jacobs não fornece uma definição exata do "inimigo", mas afirma que existem muitas regras de Direito Penal que permitem apreciar aqueles casos em que o delinquente perderia o direito de ser tratado como pessoa, citando como exemplo os casos de criminalidade econômica, o terrorismo, os delitos sexuais e a criminalidade organizada, em especial a relacionada às drogas tóxicas.

Em síntese, o Direito Penal do Inimigo tem como características o afastamento de um perigo, ao invés da atribuição de uma pena, a manutenção do *status* de cidadão para aqueles que não delinquem por princípio, e o reconhecimento do direito de guerra contra quem não oferece garantia de comportamento pessoal adequado.

---

5. *Derecho Penal del Enemigo*, Buenos Aires, Hammurabi, 2007, p. 40.

170 RESUMO DE DIREITO PENAL

Jacobs conclui pela necessidade de coexistência de dois direitos penais: um o Direito Penal do Cidadão, e outro o Direito Penal do Inimigo. Afirma que um Direito Penal do Inimigo, separado e claramente delimitado, seria muito menos perigoso do que trazer para o Direito Penal do Cidadão as regras de guerra.

De acordo com os críticos, o Direito Penal do Inimigo seria um retrocesso porquanto significa o retorno ao tempo do Direito Penal de Autor, que visa a punir um modo de vida ao invés de se preocupar exatamente com a efetiva lesão ao bem jurídico tutelado pela norma penal.

5. A TEORIA DO BEM JURÍDICO, DE CLAUS ROXIN

Claus Roxin, professor da Universidade de Munique, desenvolveu nas décadas de 1960-1970 a tese de que o Direito Penal deve tutelar apenas bens jurídicos efetivos, assim entendidos os instrumentos da vida real próprios para o exercício dos direitos humanos e civis.

Sinteticamente, diz Roxin que o Direito Penal deve renunciar à punição de meras ofensas à moral,[6] aos preceitos de cunho religioso e às contravenções meramente administrativas.[7] O professor exemplifica com seis tipos de casos em que a intervenção penal seria incabível.[8]

a) Não basta para fundamentar uma imposição penal a mera referência ao objeto jurídico citado na lei, sem a indicação de sua relevância social, como, por exemplo, a proteção abstrata à "regularidade fiscal" ou à "saúde pública".

b) A defesa de interesses exclusivamente ideológicos, os atentados singelos contra a moral, à ética e a simples reprovabilidade da conduta não são suficientes para fundamentar a intervenção penal. É o caso do tipo de "sedução" (revogado art. 217 do CP), que punia o desvirginamento da mulher menor de 18 e maior de 14 anos, e do antigo tipo de homossexualismo (revogado § 175 do CP Alemão – StGB), cujo substrato é exclusivamente moral ou tabu.

c) O mesmo ocorre quanto aos pretensos "atentados contra a dignidade humana", que não causam diminuição das possibilidades de vida e desenvolvimento humano. É o caso da incriminação das intervenções ge-

---

6. *Problemas Fundamentais de Direito Penal*, Coimbra, Vega, 1986, p. 55.

7. *Strafrecht Allgemeiner Teil*, vol. I, Munique, C. H. Beck, 1997, p. 12.

8. *Estudo de Direito Penal*, 2ª ed., trad. de Luís Greco, Rio de Janeiro, Renovar, 2008, pp. 32 e ss.

A TEORIA DO BEM JURÍDICO, DE CLAUS ROXIN   171

néticas que, na verdade, visam a impedir doenças hereditárias e promover melhoras na saúde humana.

d) A proteção contra a autolesão ou suicídio, seu auxílio, induzimento ou instigação, somente se justifica se concorrer déficit de autonomia do atingido (menoridade, doença mental etc.). Desta forma, seriam incabíveis os tipos penais de auxílio ao suicídio (art. 122 do CP) e de eutanásia a pedido. Na mesma situação estariam as lesões sofridas em esporte de risco e o consumo de drogas leves, em pequenas quantidades.

e) Não se justificam as "Leis Penais Simbólicas", assim entendidas as desnecessárias para a vida em comunidade ou que defendam interesses estranhos ao Direito Penal, como as incriminações de cunho puramente privado ou econômico. Exemplo seria o tipo legal que incrimina a produção de açúcar além da cota autorizada.[9]

f) Não podem ser reconhecidas como bens jurídicos as abstrações vagas ou incompreensíveis. Exs.: "portar-se de maneira que seja apropriada para perturbar a paz pública" (§ 126 (1) do StGB) ou "incitar à animosidade entre as Forças Armadas" (art. 23, II, da Lei de Segurança Nacional L 7.170/1983).

Apogeu e decadência. A *Teoria do Bem Jurídico* experimentou grande prestígio na Alemanha, no Brasil, na Itália, na Espanha e em Portugal. No entanto, em 2008, a tese perdeu grande parte de sua importância na Alemanha, após decisão do Tribunal Constitucional Alemão (*Bundesverfassungsgericht*), que considerou constitucional e legítima a tipificação do crime de incesto (§ 173 StGB).[10]

Entenda o caso. Dois irmãos, criados em famílias separadas, acabaram se conhecendo já adultos. Desse encontro nasceu um relacionamento amoroso, com a geração de filhos. Após algumas condenações pelo crime de incesto, a questão foi submetida ao Tribunal Constitucional Alemão, pois o tipo de incesto tutelaria preceitos de ordem exclusivamente moral ou tabu e, portanto, seria inconstitucional. No entanto, o Tribunal decidiu inexistir inconstitucionalidade na lei que protege "uma das mais sedimentadas convicções do injusto da sociedade".[11] Ou seja, as convicções arrai-

---

9. **Açúcar criminoso.** DL 16/1966: Art. 1º. Constitui crime: a) produzir, manter em estoque, ou dar saída a açúcar fora ou acima da cota autorizada no Plano Anual de Safra do Instituto do Açúcar e do Álcool; (...).

10. A decisão é de 26.2.2008 e está disponível em <*www.bundesverfassungsgericht. de*>.

11. Luís Greco traduz e comenta em profundidade esta decisão em "Tem futuro a Teoria do Bem Jurídico?", in *RBCCrim* 82/166.

172 RESUMO DE DIREITO PENAL

gadas na sociedade, mesmo as de cunho estritamente moral, podem, sim, gozar da proteção do Direito Penal.

Em síntese, o Tribunal apontou dois problemas fundamentais na *Teoria do Bem Jurídico*, de Roxin: (1) O conceito de bem jurídico é doutrinário e impreciso. Ninguém sabe exatamente o que é isso. (2) Não pode o doutrinador penal pretender substituir a atividade legítima do Legislador democraticamente instituído,[12] impondo-lhe qual matéria pode e qual não pode ser objeto de incriminação.

6. TEORIA DA ESTABILIZAÇÃO DO SISTEMA, DE GÜNTHER JAKOBS

Durante os séculos, a pena foi entendida como um mal imposto em retribuição ao cometimento de um delito. Para Kant, a pena teria raízes quase divinas e consistiria em uma retribuição moral necessariamente imposta pelo errado uso do livre arbítrio. Hegel, no mesmo tom, assegurava que a pena é a reação jurídica do próprio ordenamento contra o delinquente; "o crime nega o Direito e a pena negaria o crime", dizia.

Günther Jakobs, professor de Bonn, entende que a pena não pode ser definida desta maneira negativa, pois "seria absurdo querer um mal simplesmente porque outro mal existe".

Sua ideia de Direito Penal fundamenta-se no conceito positivo de pena, consistente na "demonstração da eficácia da norma a expensas de um responsável". Embora reconheça que a pena possa consistir na imposição de um mal ao delinquente, Jakobs advoga que sua função precípua é a estabilização do ordenamento jurídico violado.[13]

Jakobs constata que, embora o ser humano tenha capacidade para moldar o mundo à sua volta, o fato é que ele normalmente vive em um mundo já moldado e institucionalizado. Deste ambiente, os relacionamentos sociais têm como pressuposto de viabilidade a justa expectativa de que os demais seres humanos mantenham-se na ordem estabelecida e que as instituições elementares funcionem regularmente.[14]

Não estando disponível um índice natural que diferencie o certo do errado, a estabilização do sistema depende do anúncio e da aplicação de sanções para quem deixa de observar as regras elementares de convivên-

12. Cf. ainda Luís Greco, ob. cit., p. 169.
13. *Tratado de Direito Penal*, Belo Horizonte, Del Rey, 2009, p. 21.
14. Idem, p. 23.

TEORIA DA ESTABILIZAÇÃO DO SISTEMA DE GÜNTER JAKOBS   173

cia. Esta oposição à violação normativa executada á custa do agente é justamente a pena.[15]

Para Jakobs, a conceituação de bem jurídico é problemática e pouco contribui para explicar todos os elementos do crime.[16]

Por outro lado, o Legislador instituído democraticamente é soberano para determinar o conteúdo do Direito Penal. Até mesmo a pena de morte pode ser admitida se esta estiver prevista em lei. As eventuais questões sobre a imperfeição e a legitimidade do procedimento que elegeram os produtores da lei são estranhas ao Direito Penal e devem ser resolvidas pelos outros ramos da Ciência.[17]

---

15. Idem, p. 26.

16. "Bem jurídico-penal é a eficácia fática das normas que garantem que se pode esperar o respeito aos bens jurídicos, às funções e à paz jurídica" (ob. cit., pp. 78-79).

17. Aula Magna proferida em 22.9.2014, na Georg-August-Universität Göttingen, na cidade de Göttingen, Alemanha.

BIBLIOGRAFIA

ANDREUCCI, Ricardo Antonio. *Manual de Direito Penal.* São Paulo, Saraiva, 2008.

BACIGALUPO, Enrique. *Manual de Derecho Penal.* Bogotá, Editorial Temis, 1984; *Tipo y Error.* Buenos Aires, Cooperadora de Derecho, 1973.

BRUNO, Aníbal. *Direito Penal.* Rio de Janeiro, Forense, (1985) 2008.

BUSCH, Richard. *Modernas Transformaciones en la Teoría del Delito.* Bogotá, Editorial Temis, 1980.

BUSTOS RAMÍREZ, Juan. *Introducción al Derecho Penal.* Bogotá, Editorial Temis, 1986.

BUSTOS RAMÍREZ, Juan, e LARRAURI, Elena. *La Imputación Objetiva.* Bogotá, Editorial Temis, 1998.

CARVALHO FILHO, Aloysio de. *Comentários ao Código Penal,* vol. IV. Rio de Janeiro, Forense, 1979.

COSTA JR., Paulo José da. *Comentários ao Código Penal.* São Paulo, Saraiva, 1986; *Direito Penal Objetivo.* Rio de Janeiro, Forense, 2008.

DELMANTO, Celso. *Código Penal Comentado.* Rio de Janeiro, Renovar, (1986) 2007.

DÍAZ, Claudia López. *Introducción a la Imputación Objetiva.* Bogotá, Universidad Externada de Colombia, 1997.

FERRAJOLI, Luigi. *Diritto e Ragione. Teoria del Garantismo Penale.* Roma/Bari, Laterza, 1989.

FRAGOSO, Heleno Cláudio. *Conduta Punível.* São Paulo, Bushatsky, 1961; Rio de Janeiro, Forense, 1985.

_____, e HUNGRIA, Nélson. *Comentários ao Código Penal.* Rio de Janeiro, Forense, 1980; 1983.

FRANCO, Alberto Silva. *Temas de Direito Penal.* São Paulo, Saraiva, 1986.

_____, e outros. *Código Penal e sua Interpretação.* São Paulo, Ed. RT, 2007.

GALVÃO, Fernando. *Imputação Objetiva.* Belo Horizonte, Mandamentos, 2000.

GARCIA, Basileu. *Instituições de Direito Penal.* São Paulo, Max Limonad, 1954.

GOESSEL, Karl-Heinz. *Dos Estudios sobre la Teoría del Delito.* Bogotá, Editorial Temis, 1984.

176 RESUMO DE DIREITO PENAL

GOMES, Luiz Flávio. "Prescrição retroativa" (artigo). *O Estado de S. Paulo*, 26.2.89, p. 45.

HASSEMER, Winifried. *Fundamentos del Derecho Penal*. Barcelona, Bosch, 1984.

HUNGRIA, Nélson, e Heleno FRAGOSO. *Comentários ao Código Penal*. Rio de Janeiro, Forense, 1980; 1983.

JAKOBS, Günther. *A Imputação Objetiva no Direito Penal*. Trad. de André Luís Callegari. São Paulo, Ed. RT, 2000.

——————. *Derecho Penal del Enemigo*. Buenos Aires, Hammurabi, 2007.

——————. *Tratado de Direito Penal*. Belo horizonte, Del Rey, 2009.

JESCHECK, Hans-Heinrich. *Tratado de Derecho Penal*. Barcelona, Bosch, 1981.

JESUS, Damásio E. de. *Curso sobre a Reforma Penal*. São Paulo, Saraiva, 1985; *Direito Penal*. São Paulo, Saraiva, 1985; *Prescrição Penal*. São Paulo, Saraiva, 1987; *Código Penal Anotado*. São Paulo, Saraiva, 1989; *Código de Processo Penal Anotado*, São Paulo, Saraiva; *Imputação Objetiva*. São Paulo, Saraiva, 2000.

LARRAURI, Elena, e BUSTOS RAMÍREZ, Juan. *La Imputación Objetiva*. Bogotá, Editorial Temis, 1998.

LUNA, Everardo da Cunha. *Capítulos de Direito Penal*. São Paulo, Saraiva, 1985.

MACHADO, Luiz Alberto. *Direito Criminal*. São Paulo, Ed. RT, 1987.

MELLO, Celso D. de Albuquerque. *Direito Internacional Público*, vol. 2. Rio de Janeiro, Freitas Bastos, 1982.

MIRABETE, Júlio Fabbrini. *Manual de Direito Penal*. São Paulo, Atlas, (1985, 1989) 2006.

MONREAL, Eduardo Novoa. *Causalismo y Finalismo en Derecho Penal*. Bogotá, Editorial Temis, 1982; *Fundamentos de los Delitos de Omisión*. Buenos Aires, Depalma, 1984.

MONTORO, André Franco. *Introdução à Ciência do Direito*. São Paulo, Ed. RT, 1983.

MORAES, Alexandre. *Direito Constitucional*. 24ª ed. São Paulo, Atlas, 2009.

MUÑOZ CONDE, Francisco. *Teoría General del Delito*. Bogotá, Editorial Temis, 1984.

NORONHA, E. Magalhães. *Direito Penal*. São Paulo, Saraiva, 1968; *Do Crime Culposo*. São Paulo, Saraiva, 1957.

QUEIRÓS, Narcélio de. *Teoria da "Actio Libera in Causa" e outras Teses*. Rio de Janeiro, Forense, 1963.

PAGLIARO, Antonio. *Principi di Diritto Penale*. Milão, Dott. A. Giuffrè Editore, 1980.

BIBLIOGRAFIA

PIMENTEL, Manoel Pedro. *Do Crime Continuado*. São Paulo, Ed. RT, 1969; *Crimes de Mera Conduta*. São Paulo, Ed. RT, 1968.

PINHEIRO, José Rodrigues. *Comentários à Nova Parte Geral do Código Penal*. São Paulo, Saraiva, 1985.

REALE JR., Miguel. *Parte Geral do Código Penal*. São Paulo, Ed. RT, 1988.

REYES ALVARADO, Yesid. *Imputación Objetiva*. Santa Fé de Bogotá, Editorial Temis, 1996.

ROXIN, Claus. *Problemas Fundamentais de Direito Penal*. Lisboa, Vega, 1986.

_____. *Strafrecht Allgemeiner Teil*. vol I. Munique, C. H. Beck, 1997.

_____. *Estudos de Direito Penal*. 2ª ed. Trad. de Luís Greco. Rio de Janeiro, Renovar, 2008.

SANTOS, Juarez Cirino dos. *Direito Penal*. Rio de Janeiro, Forense, 1985.

SAUER, Guillermo. *Derecho Penal*. Barcelona, Bosch, 1956.

SOUZA NUCCI, Guilherme de. *Manual de Direito Penal*. São Paulo, Ed. RT, 2009.

STRATENWERTH, Günter. *Derecho Penal*. Caracas, Edersa, 1982.

TAVARES, Juarez. *Direito Penal da Negligência*. São Paulo, Ed. RT, 1985.

TOLEDO, Francisco de Assis. *Princípios Básicos de Direito Penal*. São Paulo, Saraiva, 1986.

TORNAGHI, Hélio. *Curso de Processo Penal*. São Paulo, Saraiva, 1988.

WELZEL, Hans. *Derecho Penal Alemán*. Santiago, Editorial Jurídica de Chile, 1976.

WESSELS, Johannes. *Direito Penal*. Porto Alegre, Fabris, 1976.

ÍNDICE ALFABÉTICO-REMISSIVO

Aberratio delicti, 58
Aberratio ictus, 58
Abolitio criminis, 19, 138
Ação
  teoria tradicional ou causalista, 47, 79
  teoria finalista, 46, 79
  teoria social, 46, 79
Ação penal, 133
  em crime complexo, 135
Actio libera in causa, 88
Anistia, 137
Arrependimento eficaz, 56
Arrependimento posterior, 56
Associação
  crime praticado por, 14
Antijuridicidade, 29, 69
Autoria colateral, 98
Autoria incerta, 99
Autoria mediata, 98

Bagatela, crimes de, 66

Causa de aumento de pena
  diferença em relação à qualificadora
  em sentido estrito, 112/nota 12
Causa relativamente independente, 52
Causalidade, 52
  da omissão, 36, 52
Causas de exclusão da antijuridicidade, 70
Causas de exclusão da culpabilidade, 83
Circunstâncias agravantes, 112
Circunstâncias atenuantes, 112
Coautor
  delação de, 100
Coautoria, 94
  em crime culposo, 41, 97
Coação irresistível, 91
Colaboração na apuração de crime, 56/
  nota 18

Comunicação de circunstâncias, 96
  e infanticídio, 97
Concurso de pessoas, 93
Concurso formal de crimes, 121
  e prescrição, 153
Concurso material de crimes, 120
  e prescrição, 153
Condições de procedibilidade, 85
Condições objetivas de punibilidade, 85
Condenação
  efeitos da, 131
Conduta, 34
Confisco, 131
Conflito aparente de normas, 59
Conivência, 94
Consciência da ilicitude, 70, 80
  localização da, 80
Consentimento do ofendido, 75
Consumação, 53
Consunção, 60
Contravenções, 14
Conversão da pena, 105
Crime
  conceito de, 28
Crime de plástico, crime vazio e crime
  natural, 68
Crime continuado, 121
  e prescrição, 153
Crime culposo, 40
  concurso de pessoas no, 41, 97
  negligência e causa de aumento, 40/
    nota 11
  tentativa no, 41, 55
Crime falimentar e prescrição, 155
Crime impossível, 56
Crime permanente, 54
  e prescrição, 154
Crime progressivo, 62

180 RESUMO DE DIREITO PENAL

Crimes
à distância, 67
comissivos, 34
comissivos por omissão, 35
complexos, 62, 135
culposos, 40
de ação múltipla, 61
de bagatela, 66
de dano, 49
de empreendimento, 68
de flagrante esperado, 64
de flagrante provocado, 63
de mão própria, 61
de mera conduta, 50
de perigo, 49
de responsabilidade, 65
dolosos, 37
exauridos, 62
falhos, 55, 61
formais, 50
funcionais, 64
habituais, 61
hediondos, 65, 125/nota 23
instantâneos, 54
instantâneos de efeitos permanentes, 54
materiais, 50
omissivos, 35
omissivos por comissão, 36
permanentes, 54
plurissubjetivos, 61
plurissubsistentes, 63
praticados por pessoa jurídica, 14
preterdolosos, 43
preterintencionais, 43
privilegiados, 64
progressão criminosa, 62
progressivo, 62
próprios, 61
qualificados, 64, 112
simples, 64
unissubsistentes, 63
vagos, 63
Culpa, 40
consciente, 42
espécies, 41
imprópria, 42
inconsciente, 41
própria, 42
tentativa na, 55
Culpabilidade, 76
teoria extremada da, 80

teoria limitada da, 80
Culpas
compensação de, 41
Culpas concorrentes, 97
Cumplicidade, 94

Decadência, 135, 140
Delação premiada, 100
Desistência voluntária, 56
Detração, 107
nas penas restritivas de direitos, 109
para efeitos prescricionais, 108
Direito de queixa
decadência do, 135, 140
renúncia do, 135, 141
Direito Penal do inimigo, 169
Dirimentes, 83
Doença mental, 86
Dolo, 37
alternativo, 38
da culpabilidade, 44
da pessoa jurídica, 38/nota 8
de dano, 38
de ímpeto, 39
de perigo, 39
direto, 38
do tipo, 44
espécies de, 38
específico, 39
eventual, 38
indireto, 38
genérico, 39
geral, 39
teoria extremada do, 81
teoria limitada do, 81
Dolo e culpa
como integrantes da culpabilidade, 44, 78
como integrantes do tipo, 31, 44
como integrantes do tipo e da culpabilidade, 45

Efeitos da condenação, 131
Elementos negativos do tipo, 70
Elementos normativos do tipo, 30
Elementos subjetivos do injusto, 30
Embriaguez, 87
Emoção, 86
Erro acidental, 57
Erro de proibição, 88
diferença com o erro de tipo, 89

ÍNDICE ALFABÉTICO-REMISSIVO

indireto, 90
Erro de tipo, 57, 89
Erro de tipo permissivo, 81
Erro na execução, 58
Erro sobre a pessoa, 57
Erro sobre causa de justificação, 83, 90
Erro sobre o nexo causal, 58
Erro sobre o objeto, 57
Escusas absolutórias, 84
Estabelecimentos penais, 104
Estado de necessidade, 71
  putativo, 72
Estrito cumprimento de dever legal, 74
Excludente putativa, erro sobre, 90
Excludentes de tipicidade, 75
Exercício regular de direito, 75
Exigibilidade de conduta diversa, 82
Extinção da punibilidade, 137

Fato típico, 29
Fronteiriços, 127
Funcionalismo, 161

Garante, 35
Graça, 137
Garantismo penal, 167

Hediondos
  crimes, 37, 68, 125/nota 23

Imputabilidade, 80
Imputação objetiva, 162
Imunidade
  diplomática, 23
  parlamentar, 24
Índio
  imputabilidade do, 80
Indulto, 137
Inexigibilidade de conduta diversa, 82
Infanticídio
  e comunicação de circunstâncias, 97
Inimputáveis, 80, 86, 127
Insignificância, princípio da, 67
Instigação, 94
Interpretação da lei penal, 15
Irretroatividade, 20
Iter criminis, 54

Justificação
  erro sobre causa de, 81, 90
Justificativas, 70, 83

Legalidade
  princípio da, 17
Legítima defesa, 73
  putativa, 74
Lei penal no espaço, 22
Lei penal no tempo, 21
Leis penais brasileiras, 13
Livramento condicional, 125

Medidas de segurança, 127
  e prescrição, 152
Menores, 86
Morte do agente, 137
Multa, 110
  cálculo da, 111
  cobrança da, 111/nota 11
  e prescrição, 152
  pena de, 110

Nexo causal, 52
Normas penais em branco, 15

Obediência hierárquica, 91
Objeto jurídico, 14
Objeto material, 14
Omissão
  causalidade da, 36, 52
  concurso de pessoas na, 97
  crimes de, 35
Organização criminosa, 101

Pagamento de débito tributário, 142
Paixão, 86
Participação, 94
Pena, 103
  de perda de bens, 109
  fixação da, 111
  regimes de cumprimento da, 116
  substituição da, 115
Penas restritivas de direitos, 109
  e detração, 107
Perdão do querelante, 141
Perdão judicial, 139
Perempção, 140
Pessoa jurídica, 14
Pessoa jurídica, dolo da, 38/nota 8
Prazos
  contagem de, 25
Premeditação, 39
Prescrição, 143

182 RESUMO DE DIREITO PENAL

da pretensão executória, 150
da pretensão punitiva propriamente
dita, 147
e anulação da sentença anterior, 155
e concurso formal, 153
e concurso material, 153
e crime continuado, 153
e crime falimentar, 155-159
e crime permanente, 155
e detração, 107
e medida de segurança, 151
e pedido do réu para afastá-la, 154
e pena de multa, 152
e reincidência, 154
espécies de, 146
interrupção da, 144
quadro geral da prescrição, 151
retroativa, 148
superveniente, 148
suspensão da, 145
Preterdolo, 43
Previsibilidade, 40
Princípio
da insignificância, 67
da legalidade, 17
Prisão albergue, 104
Prisão domiciliar, 104
Prisão provisória, 107
Procedibilidade
condições de, 85
Prodrômicos
efeitos, 155
Progressão criminosa, 62
Progressão no cumprimento da pena, 105
Punibilidade
condições objetivas de, 85

Quadro Geral das Penas, 119
Qualificadora em sentido estrito
diferença em relação à causa de
aumento de pena, 112/nota 12

Reabilitação, 132
Reformatio in pejus indireta, 154
Regime disciplinar diferenciado, 118
Regimes de cumprimento de pena, 116
Regressão, 105
Reincidência, 116, 154
Reincidência específica, 122/nota 21
Remição, 106
Renúncia do direito de queixa, 135, 141

Renúncia tácita do direito de queixa ou
representação, 135
Resultado, 49
Resultado diverso do pretendido, 58
Retratação do agente, 141
Retroatividade, 21
Revogação da lei penal, 20

Silvícola
imputabilidade do, 80
Sociedade
crime praticado por, 14
Sujeito ativo, 14
Sujeito passivo, 14
Suspensão condicional
da pena (*sursis*), 123
do processo, 124, 146

Tempo do crime, 22
Tentativa, 55
e dolo eventual, 55
na culpa imprópria, 55
no crime culposo, 41, 55
Teoria
da estabilização do sistema, de
Günther Jakobs, 172
da imputação objetiva, 162
do bem jurídico, da Claus Roxin, 170
extremada da culpabilidade, 81
extremada do dolo, 81
finalista da ação, 45, 79
limitada da culpabilidade, 81
limitada do dolo, 81
social da ação, 46, 79
tradicional ou causalista, 44, 78
Terrorismo, exceção, 55/nota 17
Tipicidade, 53
excludente de, 75
Tipo, 29
aberto, 31
básico, 33
de autor, 33
de fato, 33
dependente, 33
derivado, 33
elementos do, 30
elementos negativos do, 70
em sentido amplo, 33
em sentido estrito, 33
espécies de, 31
fechado, 31

ÍNDICE ALFABÉTICO-REMISSIVO

misto, 32
objetivo, 33
permissivo, 34
simples, 32
subjetivo, 33
total do injusto, 33
Tortura, 66
omissão em caso de, 37
Trabalho do preso, 106

Trabalho externo, 106/nota 5
Tráfico privilegiado, exclusão, 66/nota 24

Ultratividade, 21

Vacatio legis, 20
Versari in re illicita, 41
Vigência da lei penal, 20
Violência doméstica, 116, 133/nota 2

* * *